ゲッターズ飯田の

# 運命を変える言葉

500 WORDS TO CHANGE YOUR DESTINY

ゲッターズ飯田

ポプラ社

運はいい言葉が好き。

運は素敵な言葉を

発する人のところに

集まるもの。

# はじめに

日々、人に会って話をしているときに、「この人いいこと言うな〜」、そう思ったらメモを取るようにしている。

たとえば、電車の中でも隣で話している人の話を盗み聞きしながら、いい話だと思ったらメモをする。そして、家に帰ってメモを見ながら、「ここはこう考えたほうがよりいいな〜」とか振り返っていた。

特にいい言葉を集めようとか、心に響く言葉を作ろうとか考えていたわけでもなく、何となく続けていただけで。そもそもは一人ひとりへのアドバイスのために伝わりやすい言葉を探していたのがきっかけ。でも、人それぞれに表現や伝え方を変えないと伝わらないということを何度も経験していたので、言葉を変えているだけ。

この本の中でも、「同じようなことを書いているな〜」というところがいくつかあると思いますが、同じことでも言葉を少し変えるだけで伝わる人と伝わらない人がいる。

場面によって言い方を変える必要があるということを知っておくといい。

たとえば、人を叱るときに「同じことを何回言わせるんだ！」と言う人がいるが、そういうときは、その人の伝え方が悪いのかもしれない。表現や伝え方を変えれば、相手の心に響くかもしれない。

500個の言葉にそれぞれ解説をもう一言加えて1000個の言葉にまとめてみた。もしかしたら、あなたの言葉が入っているかもしれない。どこかで聞いたことがある言葉が入っているかもしれない。

もし、いいと思った言葉があったら、周りに広めてみてください。そうすれば、きっとあなたにも幸運がおとずれると思う。

ゲッターズ飯田

# ゲッターズ飯田の
# 運命を変える言葉

## 001

# 何があっても、
# どんなことが起きても、
# 「私は運がいい」
# と言う人のところに
# 運は集まる。

運は「運が悪い」と簡単に口に出す人が嫌い。

## 002

**無理かどうかは、自分で決めればいい。**
**他人がどう言おうが、**
**占いがどう出ようが、**
**自分が経験しないと、**
**やってみないと、**
**わからないことが多い。**

無理だと決めない。無理だと思わない。

## 003

**道に迷ったら、迷った自分を楽しめばいい。**
**遠回りをすることは、他の人が見ていない**
**何かを見られたということ。**

それがあなたの財産です。

## 004

**「難しい」と思うことは、**
**本当は「難しい」ことではなく、**
**ほとんどが無駄なプライド。**
**そんな、持っていても意味のないもの、**
**とっとと捨ててしまえば楽なのに。**

「難しい」と言わないだけで、運は味方するもの。

## 005

**占いは後押しもするけれど、**
**ブレーキをかけてしまうことがある。**
**最後は、自分次第。**
**占いは、逆らえる。**

占いという情報を自分でどう使うか、知恵を絞ってみる。

## 006

幸運を引き寄せる方法。

・メールはできるだけ早く返事をする
・電話では無駄に元気に
・声は大きくハッキリと
・姿勢はよく
・小綺麗な服装を心がける
・爪の手入れをしっかり
・笑顔で話す
・リュックサックで街に行かない

幸運とは簡単に引き寄せられるもの。

## 007

**自分が今、何が好きなのか、
何を目指しているのか、
好きなものは言葉にしないと伝わらない。
好きなものを「好き」と言っていたら、
近づけるチャンスが来る。**

「好き」は一生懸命。「一生懸命」は好きなこと。

## 008

# 相性より愛情。

相性は深まらないけど、愛情は深まるもの。

## 009

**いい言葉、いいセリフ、**
**いい話を探し続けると**
**いい運をつかんでいるもの。**

視野を広く、世界を広く見れば、いい言葉はたくさんある。

## 010

**傘は大きければ大きいほど雨をよけられるが、**
**持ち歩くのに不便だし、風にも弱い。**
**程よい大きさが一番いい。**
**これがわかるようになると、人生が楽になる。**

でも大きい傘を持っている人は、他人を入れてあげられる。
一緒に大きな傘を支えればいい。
これがわかると、人生がまた楽になる。

## 011

**占いは、当たる当たらないは問題じゃない。**
**「病気しますよ」と言われて気をつけたら、**
**結果的に病気をしなかった。**
**占いは外れたけど、それはよかったこと。**

悪い占いは結果的に外すことに意味がある。

## 012

**「別れたくない」と思っていても**
**別れはやってくる。**
**自分のワガママは通用しない。**
**別れは**
**「人生は自分の思い通りにはならない」**
**という教えのひとつでもある。**

思い通りにならない人生は、決してつまらない人生ではない。

## 013

# 何もしなければ、
# 何も変わらない。
# 何もしなければ
# 「何もしないこと」を
# 積み重ねているだけ。

何もしないことを、もっと恐れたほうがいい。

## 014

大人になるということは、
互いの能力を認めて支え合うこと。
子供のとき思っていたほど
大人は強くなくて、
大人が思っているほど
大人な人は少ないかもしれない。

だから、いろんな人と力を合わせることが大事。

## 015

# モテ期は
# 誰にでもやってくる。

モテ期を信じない人に、いつまでもやってこないだけ。

## 016

**植物やペットを育ててみましょう。**
**何かを育てるということは**
**面倒だったり**
**大変だったりする。**
**でも苦労がある分、喜びも大きくなる。**

愛を育てる。恋を育てる。自分を育てることも同じ。

## 017

**「お金持ちと結婚できる星」よりも**
**「お金の価値のわかる人と結婚できる星」**
**の人のほうが幸せ。**

お金をどう使えば幸せか、
お金の価値をわかっていないと意味がない。

## 018

人生は、自分が好きなことを見つけて、
それにどれだけ全力で取り組めるかが大切。
挫折してもいいから。
好きなことに全力で取り組めた人には
必ず
次の道が見えるから。

好きなことを目指したときに、出会えた人や経験が大切。

## 019

出会いのチャンスは勇気でつくれる。
あとは、努力と愛嬌。
笑顔で楽しそうにしていたら、
恋は向こうからやってくる。

恋は勢いも大切。

## 020

**幸せは案外、簡単だったりする。**
**「自分は不幸だ」という人は**
**自分が幸せにならないような考え方を**
**しているだけで、**
**幸せはどこにでも転がっている。**

そのことに気がつくのが早いか、遅いか。
人生って、ただそれだけかもしれない。

## 021

**よほどダメな人でなければ、**
**一度付き合ってみたらいい。**

付き合ってみたら、案外いい人の可能性もある。
本当にダメなら別れればいいだけのこと。

## 022

**気のきかない人に恋のチャンスはない。**
**周りの人が何をしたら助かるのか、**
**何をしたら喜ばれるのか。**
**先をすべて読むことはできなくても、**
**先を読んで行動しようと準備する気持ち。**
**それが優しさであって、**
**恋のチャンスをつかめるもの。**

恋をしばらくサボっている人は思っている以上に
他人に無関心になって、気のきかない人になっている。

## 023

# 「恥ずかしい」を「おもしろい」に変えられると、幸運がやってくる。

何でもおもしろくできる人に、運は集まる。

## 024

# ボケた先に恋がある。

プライドを捨てて、どんどん恥をかいて、
それでも「周囲が喜んでくれたからいい」と思う。
そんな人が単純に異性にモテる気がする。

## 025

**自分と少し似た人や
似た感覚をもった人を探すこと。
そして自分を好きになってみると、
恋は案外、簡単にできたりする。
自分にないものをもっている、
自分と違いすぎる人は
刺激はあるけれど。
刺激はただ疲れるだけだから。
人は安心がないと長続きしないから。**

安心平凡と時々、刺激が一番長続きする。

## 026

**存在感は自らの努力で発するものではなく、
周囲が感じること。**

周囲が認める自分が、本当の自分。

## 027

**人生は遊園地。**
**散々並んで疲れて苦労して乗った**
**アトラクションはあっという間に終わる。**
**少しの「楽しい」を得るために、**
**わざわざ歩いたり、**
**並んだりしないといけない。**
**立ち止まっていても、**
**パレードが始まったり、**
**キャラクターが目の前を通るかもしれない。**
**でも、動いたほうが楽しいことがある。**

動くと運もやってくるから「運動」。

## 028

**神様やパワースポットは**
**己の欲望だけの人には力を貸してくれない。**
**願うなら、**
**自分以外の人の幸せを願うことが大切で、**
**自分以外の人が**
**わざわざ願ってくれることが大切。**
**人のことを願いたくなるような生き方を**
**しましょう。**
**人が幸せを願ってくれるような、**
**そういう人になりましょう。**

他人の幸せを願う人は素敵。素敵な人はみんな好き。

## 029

**日々堂々と生きれば、
幸運はやってくる。
日々偉そうに生きていると、
不運がやってくる。**

「堂々」と「偉そう」を間違える人がいる。

## 030

# いいことは続かないけど、悪いことも続かない。

続かないからお気楽に。

## 031

運命はある程度決まっている。
変えることは基本的にできない。
でも100%決まっているわけではなく、
ある程度の方向が決まっているだけ。
ただ進んでいけば5になるが、
努力をすれば6になるし、
もっと頑張れば7になる。
何もしなければ4になり、
本気でサボってしまえば3になる。
5からいきなり10にはならない。
その中で一番幸せになれる人は
5を6にするように日々努力した人。

1つの差がつくだけだけど、実は大きい。

## 032

**一生懸命生きている人は**
**周囲も一生懸命生きていることがわかる。**
**いい加減に生きている人は**
**周囲もいい加減に生きていると思い、**
**他人が努力して手に入れたものを**
**妬んだり、うらやましがったりする。**
**そこに努力があることを知らないから。**

他人は鏡だと知るといい。

## 033

**つらいことを「つらい」と思えば、**
**どんどんつらくなっていくだけ。**

どんなときでも「楽しいこと」と「おもしろいこと」を
探す癖を身につければいい。

## 034

**一度でいいから、**
**「自分はこれが好きでした」**
**「これに情熱を燃やしました」**
**結果はともかく、**
**「自分はこれが好きでした」**
**そう言えるものに出会えた人は**
**幸せだと思う。**

人生は自分の好きなことを探す旅。

## 035

**苦手な人や嫌いな人ほど、**
**どこか自分と似ているもの。**
**そんな人に会うときが一番勉強になる。**

自分が変われば、苦手でも嫌いでもなくなるもの。

## 036

**感謝は山ほどあっても、**
**なんの損にも重荷にもならない。**

感謝はどれだけしても足りないもの。

## 037

**「3年前に頑張っておけばよかった」**
**そう思うなら、**
**今から3年後の自分も今の自分に**
**「3年前に頑張っておけばよかった」**
**と思う可能性があるのだから、**
**今、頑張ればいい。**

未来の自分が今の自分に何を言いたいかを考えてみると、
今、自分が何を頑張らなければいけないかがわかってくる。

038

# 自分のことですら
# 思い通りに
# ならないんだから、
# 他人に過度に期待しても
# 意味はない。

他人もきっと思い通りにならないんだろうな〜と
わかるために、ミスや失敗がある。

## 039

**感動の先に幸運がある。**
**感動を上手につくれる人は、**
**恋も仕事も上手にできる。**

感動させることに知恵を絞ることは、
己が幸運になることでもある。

## 040

**「今年の新人は元気だな〜」**
**「今年の新人は優秀だな〜」**
**年ごとのザックリ観察。**
**人は思っている以上にザックリ分けられる。**
**「自分が！」「個性が！」**
**なんて思っていたって、**
**どこかでザックリした枠に**
**勝手に入れられてしまうもの。**

他人はどこか自分と似ている。そう思うと、少し楽になる。

## 041

**見た目がよくて、**
**頭がよくて、仕事ができて、**
**失恋もしたこともない人と話しても、**
**なーんにもおもしろくない。**
**頭でっかちで、思いやりがなくて、**
**薄っぺらい。**
**苦労して積み重ねたり、空回りをしたり、**
**挫折して、プライドが傷ついて、**
**憎んだり妬んだり、**
**失恋して、自信をなくした人のほうが**
**人としての魅力や厚みがある。**

すべては自分の経験であるだけ。

## 042

100万人が「楽しい」と思っているのと、
100万人が「嫌だ」と思っているのとでは、
地球の明日が変わってくる。
自分ひとりでも
「今日も楽しい」
「明日も楽しむ」
そう思うだけで、
人はもっと変わってくる。

日々「楽しい」に敏感に。

## 043

幸せだから笑顔ではなく、
笑顔だから幸せがくるもの。

笑顔は幸運をつかむ方法のひとつ。

## 044

**運気のいいときは、**
**自分の心に素直に動ける時期。**
**運気の悪いときは、**
**頭で考えて動かなければならない時期。**
**人は頭でどれだけわかっていても、**
**心が乱れれば何もできなくなる。**

考える前に素直に生きてみるといい。

## 045

**好きなことを続ける。**
**好きだから続く。**
**続くから好き。**

自分の「好き」に素直に。
好きなことを探しましょう。

046

# 周囲に優しい人がいないのは、己がまだまだなのか、優しさを勘違いしているということ。

優しい人には優しい人が集まるもの。

047

# コンプレックス＝不運。

コンプレックスをなくせば、自然と運の流れはよくなる。
コンプレックスほど無駄なモノはない。

048

# 人生のエスカレーターは、歩いて上っていい。隣の速いエスカレーターに乗り換えてもいい。何もしない人はそのままゆっくり上るだけ。

変えたいのなら、一歩進まなければ。

049

## 「男は度胸、女は愛嬌」

**男は昔から度胸のない生き物で、**
**女は愛嬌のない生き物。**
**男は度胸があったら幸せになれるから**
**度胸をもて。**
**女は愛嬌があれば幸せになれるから**
**愛嬌よくしとけ。**
**この言葉はそういう意味。**

男は度胸を身につけて、女は愛嬌を身につけると
幸せになれるもの。

## 050

**最初から「無理だ」「ダメだ」と思わない。**
**世の中やってみないとわからないことでいっぱい。**
**失敗しても恥をかいても、**
**そんなことはたくさんあるから。**

またチャレンジをすればいいだけ。

## 051

**好きな人と仲良くなる言葉。**
**「一緒にいると楽しい」**
**「なんか楽しいな」**
**「楽しくなってきた」**
**「楽しい人ですね」**

まずは言葉に出してみるといい。

## 052

**遊びに真剣になれない人は**
**何にも真剣になれない。**
**こんな気楽なことに**
**真剣になれない人が**
**仕事に頑張れるわけがない。**

遊びに本気で真剣になれる人に、運が集まる。

## 053

**恋愛で、弱さは武器になる。**

強さだけが武器ではない。

## 054

**安定を求めて守りに入ると、**
**逆に不安定を呼ぶ。**
**安定を捨てて変化を求めると、**
**逆に安定をする。**

陰があれば陽があり、陽があれば陰があるのが人生。

## 055

**好きな人ができた喜びや感謝。**
**恋人ができた喜びや感謝。**
**「付き合ってもらえた」という**
**謙虚な気持ちを**
**忘れないでいてほしい。**

恋が始まったときの気持ちを常に思い出せる人は幸せ。

## 056

# 人にたくさん会うことは自分の知らなかった魅力や個性を発見してもらえること。

同じ人とばかりいるのは、
自分の可能性を小さくしていること。

## 057

### 多くのことは何とかなるし、何とかするのが人生。

「なんとかなる」を口癖にすると運もよくなるもの。

058

# 過去のすべては「運がよかった」。そう思える人が人生で何が幸せか、よくわかっている人。

過去は所詮、過去の思い出なだけ。

## 059

**無駄も極めれば価値が出る。**
**価値が出るまで**
**無駄を突き詰められなければ、無駄になる。**
**無駄が無駄で終わらないように、**
**無駄に頑張ればいい。**

無駄かどうかは、続けてみないとわからないもの。

## 060

**どんな人でも**
**何かのレースに参加している。**

そのレースに負けても、
また他のレースで頑張ればいいだけ。

## 061

**人生に悩んだり、困ったりしたとき、**
**楽なほうを選択するとより苦しくなる。**
**人生で悩んだり困ったりしたときは**
**「おもしろい」と思ったほうを選択すること。**
**つらいかもしれないけど、**
**おもしろい人生は楽しいし、後悔しない。**

悩んだら、自分が「おもしろい」と思うほうを選択する。
そうすれば、後悔はしないもの。

## 062

**余計なことは考えない。**
**これだけで、楽になる。**

考えたって、何も変わらない。
行動するから人生は変わる。

## 063

**一生懸命生きることや
精一杯頑張ることは
少しもカッコ悪くないし、
ダサくもない。**

「カッコ悪い」なんて言う人は
所詮、そんな人。

## 064

# 明るく元気にしていれば、運も勘違いしてやってくる。

運は、明るい人に集まるようにできている。

## 065

**本気で嫌いで、本当に嫌な人で、**
**会うと文句と愚痴が出る相手なら、**
**体調が崩れるぐらいの相手なら、**
**会わないほうがいい。**
**ソリが本当に合わない人には**
**会わなくていい。**

「会わなくていい」という選択があることを
覚えておくといい。

## 066

**「出会いがない」のではなく、**
**「人を好きになれない」だけ。**

いろんな角度で見て、いろんな考え方をすれば
簡単に人を好きになれます。

## 067

# あなたを
# 笑わせてくれる人を
# 大切に。

誰かを笑わせられる人になりましょう。

## 068

### 人は自分のことはそれほど好きではない。
### ありのままの自分を好きな人なんて、
### よほど勘違いした人だけ。

だから自分で自分を嫌いにならないように努力する。

## 069

**人に合わせる楽しさを知りましょう。**
**知らないお店に行けたり、**
**経験したことのないことが**
**経験できるかもしれない。**

「自分が」「自分が」は、視野を狭くする。

## 070

# 不運は
# 何かを学べる時期。

今の不幸は幸せの始まりかもしれない。

## 071

**日本人であれば、**
**頑張れば最低限の生活はできる。**
**どんなに貧乏しても生活はできる。**
**こんないい国に生まれた幸運に**
**気がつきましょう。**

日本人であることの不幸もあるけれど、
日本人であることの幸運の多さに
気がついたほうがいい。

## 072

**本当におしゃれな人は**
**デニムにTシャツでも、**
**おしゃれに見せられる。**

人は余計なものをいろいろつけたくなる。
欲張りになりすぎる。

## 073

# 人生には我慢が必要。

ぐっと我慢するから、解放されたときが楽しくなる。

## 074

# 周囲への不満は、
# 実は自分が直すべきところ。
# 自分が改めなければ、
# 何も変わらない。

類は友を呼ぶ。

## 075

**占いでいいことを言われて、
安心して終わる人。
占いでいいことを言われて、
行動する人。
この２つによって、
当たるか当たらないか、
当たり方が大きいか
小さいかが変わる。**

占いは答えではない。

## 076

**「政治が悪い」**
**「国が悪い」**
**「会社が悪い」**
**と言うけれど、**
**政治も国も会社も**
**動かしているのは人間。**

所詮、人間がつくっているものなんだから、
変えようと思えば変えられる。

## 077

**嫌いを探すより、**
**たくさんの好きを探したらいい。**

考え方ひとつで人生は簡単に変わるもの。

## 078

よくしよう、よくしよう、
プラスにしよう、プラスにしよう
と思うのもいいですが、
悪くならないようにする、
マイナスを減らす、
こっちのほうが大切だと思う。

マイナスを減らせば、自然とプラスが多くなる。

## 079

一生に一度くらい、
周囲が無理だと反対しても、
自分の好きなことを貫き通してみると、
幸せってなんなのかがわかる。

好きなことを見つけられたら、幸せなだけ。

## 080

**自分のよさに、**
**自分のおもしろさに、**
**人生のおもしろさに**
**気がつくように、**
**思いっきり遊んでください。**
**飽きるほど遊んでください。**
**お金がなくても、**
**遊ぶ方法はたくさんあります。**

遊ぶと、自分の道が見えてくる。

## 081

# 占いで
# 「3年後はいいですよ」
# と言われて、
# 何もしない人は
# 結局、何も変わらない。

占いのいい結果は、自分に出された宿題。

## 082

### 人は自分のサイズに合った幸せしか
### 手にできない。

手に余る幸せは、悩みや不安に変わる場合がある。

## 083

**あのとき**
**ああしていれば……。**
**そう思うなら、**
**今からでも変えられることを**
**少し始めてみるといい。**

思うなら行動を。

## 084

**魅力があれば、縁は必ずある。**
**周りが見過ごすわけがないので、**
**縁が欲しい人は**
**自分自身を見つめ直せばいい。**

己が変われば、出会いも変わる。

085

# 人生に勝ちもないし、負けもない。幸せもないし、不幸せもない。

過去と今だけで判断しなくていい。
人生はトータルで考えればいい。
多くのことはどうでもいいこと。

## 086

厳しい言葉も
「自分のために言ってくれている」
そう思える人。
どんな言葉も善意で受け止められる人は
どんどん成長するし、
豊かな人になる気がする。

耳の痛いことを言ってくれる人を大切に。

## 087

自分の行動が誰かの幸せになっている。
そんなふうに生きることは、
とても大切なこと。

己のことしか考えられない人に幸せは来ない。

## 088

**「あ〜、今日は暇だな〜」**
**「誰か誘ってくれないかな〜」と思うなら、**
**誰かに連絡してみるといい。**
**「すごく図々しい」のは**
**嫌がられることがあるが、**
**「ちょっと図々しい」は悪くない。**
**「ときどき図々しい」も悪くない。**

待っていても変わらない。
自分が待っているなら、相手も待っているかもしれない。

## 089

**占いは**
**悩む時間を減らせる道具。**

合理的に生きるためには必要だったりする。

## 090

**結婚できない女性の口癖。**
**「でも」**
**「だって」**
**「ダメ」**
**「どうせ」**
**「無理」**
**「難しい」**
**この数が多いほど結婚は遠のく。**

異性を笑顔で褒められる人は、結婚が早い。

## 091

**笑顔で明るく、**
**元気そうに、**
**口角上げて生きていけば、**
**自然に人も運も集まってくる。**
**運は笑顔にたくさん集まってくる。**

つまらなそうな顔をしている人は
運をどんどん逃すだけ。

## 092

**諦めたら終わりかもしれないが、**
**諦めるから次がある。**

諦めることも、時には必要。

## 093

**「仕事と遊びのメリハリをつける」**
**「憧れの人の真似をする」**
**「差別や区別はしない」**
**「一人でいることが好きになる」**
**「友人よりも知り合いの輪を広げる」**
**「『まあいいや』と、**
**ポジティブな言葉を使う」**
**これだけできれば、**
**人は簡単に幸せになる。**

過度な期待はしないでやってみるといい。
「変わった」と思えるまで続けてみるといい。

## 094

**常に出し切る。**
**自分の能力も情報も**
**カラカラになってしまうくらいに**
**出し切ると、必ず満たされるようになる。**
**涸れることは絶対にない。**

ケチケチして出し惜しみする人に、幸運はやってこない。

## 095

**もし、何もしなければ、何も変わらない。**
**変えようとすれば、運は簡単に変わる。**

変えたいと本気で思うから、本気で行動できるもの。

## 096

**変化を恐れて動かなくて、不満で腐る前に、**
**環境や自分の居場所を変えてみるといい。**

不満や文句があるなら変えればいい。

## 097

**「占いはいいことだけ信じる」と言う人よりも、**
**悪いことを信じ、**
**それを避けるように努める人のほうが**
**もっと幸せになる。**

いいことだけ聞く人は、落とし穴に落ちるもの。

## 098

# 時間ではなく、
# 命を削っている。
# 他人が自分のために
# 使ってくれた時間は、
# 命であることを
# 忘れてはいけない。

命を削って会ってくれている人を大切に。

## 099

**過去の苦労を**
**ただの「点」にするのではなく、**
**いろいろな苦労をつないで「線」にする。**

経験を力とするように。

## 100

**集中できることを見つけることは、**
**幸せのひとつ。**
**幸せなときには時間が早く過ぎ、**
**嫌なときは時間が長く感じるもの。**

時間が短く感じられることを見つけられることが、
幸せのひとつ。

## 101

**人生において、**
**幸運や幸福は「たまに」だからいい。**
**いつも幸せな人は幸せボケをするし、**
**常に不幸な人は**
**幸せの価値がわからなくなる。**

「たまに」だから、嬉しかったり、楽しかったり、
おもしろかったりする。

## 102

# 幸福は
# 今から始まるかもしれない。
# 幸運は
# 今から始まるかもしれない。
# そう心の準備をしていると、
# 幸福や幸運は訪れるもの。

今を、今に、期待したほうがいい。

## 103

**時間がかかるからといって**
**諦めてはいけない。**
**時間をかけるから価値があり、**
**時間のかかることだから**
**周囲が認めてくれる。**

時間をかけて手にすれば、
簡単に手放すこともしないから。

## 104

**自由に形がないように、幸せにも形がない。**
**ならば、好きな形を作ればいいだけ。**

幸せとはどんなふうにもなる、自分次第で。

## 105

**受け身でいるからイライラする。**
**待ってないで自分から動き、**
**自分が与えるほうになれば**
**イライラしないもの。**

イライラは不運の始まり。

## 106

**数字に出ない評価を見落としてはいけない。**
**数字に出る評価ばかり見てもいけない。**

数字にこだわる人は数字に足を引っ張られる。

## 107

# 人にたくさん会う人は、人生でたくさんチャンスがやってくる。

チャンスに変わるまで会い続けてみるといい。

## 108

# 「失う」ということは得ることで、「得る」ということは失っていること。「何もない」ということは、「何でもできる」ということ。

何もないなら思いっきりやればいい。

## 109

**人生で一番大切なことのひとつは行動力。**
**行動さえすれば、なんとかなるし、**
**いい経験にもなるもの。**
**考えても答えは出ない。**
**行動しながら考えればいいだけ。**

行動しないから不安になるだけ。

## 110

**人を馬鹿にする人は、**
**馬鹿になれる人にはかなわない。**
**計算された馬鹿が世の中にはたくさんいる。**
**馬鹿が一番賢い場合もある。**

他人を馬鹿にする人は本当の愚か者。

## 111

**自分の失敗が他人の役に立ち、**
**他人の失敗が己の役に立つこともある。**
**同じ失敗はいけないが、**
**チャレンジした失敗は学びになり、**
**経験となる。**
**失敗はとてもいいことで、**
**そこから前に進めばいいだけ。**

失敗はない。すべては経験。

## 112

**頑張ったかどうかは他人が決めることで、**
**身勝手な「頑張った」は自己満足なだけ。**

「自分は頑張った」と言わない、思わない。
すべては他人が決めること。

## 113

# 気分で生きないほうがいい。気持ちで生きたほうがいい。気分で生きるから乱れるだけ。気持ちを込めて生きることは大切。

何でも気持ちを込めてやればいい。
気持ちがある人は好かれて、気分屋は好かれない。

## 114

# 自分も完璧ではないんだから、他人に完璧を求めるほうがおかしい。

失敗は、お互い様で当たり前。

## 115

**占いは心のマッサージみたいなもので、**
**時々ほぐすと気持ちのいいもので、**
**やる気になれたり、**
**テンションが上がったりするもの。**
**そんなにすごいことはないけれど、**
**凝り固まっていては見えないことがある。**
**やわらかくないと見えないこともある。**
**心は常に柔軟であったほうがいい。**

占いは時々するといいものです。

## 116

**「それができないんだよ」と言う人ほど、**
**何もやっていない場合が多い。**

できるかできないかは、行動して初めてわかるもの。

## 117

**嫌われることを恐れて、**
**誰にも好かれなくなる人がいる。**
**ソリの合わない人はいる。**
**ある程度、歩み寄る努力をして**
**ダメなら諦めも肝心。**
**すべての人に好かれる人はいない。**

わざわざ嫌われることはないが、
好かれようとし過ぎなくてもいいもの。

## 118

**欲張ってばかりでは運もやってこない。**
**インプットしたらアウトプットするから、**
**新たなことをインプットできる。**

ケチケチしているから、次の波がやってこないだけ。

## 119

# 「自分が好きだから」
# で始まる恋もあり、
# 「相手が好きだから」
# で始まる恋もあり、
# 「楽だから」
# で始まる恋もある。

恋にはいろいろなパターンがある。

## 120

「米」に「走る」で迷う。
食べるということ、
生きるということは迷うことで、
迷うことは生きることだから迷ってもいい。
迷うことは負けではなく、
それは生きるということ。

迷うから見えることもある。

## 121

コミュニケーション能力が高いことは、
運がいいこと。
それは努力で手に入れられる幸福でもある。

幸せは他人がつくってくれることだと理解できれば、
コミュニケーションは当たり前のもの。

## 122

**自分にちょうどいい**
**人生のサイズってものがあるから、**
**他人と比べても意味がない。**
**自分は自分でいい。**
**自分のサイズに合った幸せを探して、**
**受け止めていけばいい。**

自分のサイズを間違えないように。

## 123

**「あのとき、ああすればよかった」と**
**過去の出来事を後悔しても、**
**その瞬間に戻れて決断を変えたら、**
**もっと大きな失敗をするかもしれない。**

今のままでいいし、後悔をするからこれからが頑張れる。

## 124

**明日、大きな戦争が始まれば、**
**今までの日々は**
**とても幸せで最高だったことになる。**
**今の不幸や悩みや不安は、**
**大きな不幸で簡単にかき消される。**
**あのときのあの不幸や不運も**
**巨大な不幸の前では無に等しくなる。**

日々の幸せを大切に。

## 125

**もらおうとばかりしているから、**
**いつまでもそのまま。**
**他人に与えること、教えること、**
**託すことができると、**
**一歩前に進み、生活が変わり始める。**

与えるから、与えてもらえる。

## 126

**自分が「初対面なら」相手も初対面。**
**ならば、どうすれば嬉しくて、**
**どうすれば楽なのか、**
**考えなくてもわかるもの。**
**そんなに臆病にならなくてもいいもの。**

自分も相手も気持ちは同じ。

## 127

**思い通りにならないからつらいのではなく、**
**その中でどうやって幸せを見つけて、**
**少しでも思い通りになるように**
**努力するのかが大切。**

思い通りにならないから、得られる幸福がある。

## 128

**転ぶかもしれないとわかっていて転ぶのと、**
**何もわからず転ぶのとでは、大きく違う。**
**知っているだけで避けられることもある。**

占いの正しい使い方。

## 129

**相手のいい部分を好きになることは**
**当たり前で、**
**相手の欠点や弱点も好きになれないと**
**長くは続かないし、**
**それを互いにできるように**
**ならないといけない。**

誰でも欠点や弱点はあるもので、すべてはお互い様。

## 130

**中途半端、器用貧乏。**
**それはそれで、やれることがあるし、**
**必ず求められることがある。**

何かがなくても、求められるならそれがいい。

## 131

**不運を呼び込むコツがある。**
**「でも」「だって」が口癖。**
**自分の生き方だけを正しいと思い込む。**
**友人に左右される。**
**何でもマイナスに受け止め、発信する。**
**人の中に入っていけない。**
**失敗から学ぼうとしない。**

不運の原因の多くは、己。

## 132

**「いつか使うから」と言って、**
**無駄なものをいつまでも持っている人に**
**運は味方してくれない。**

人生は決断力で決まるもの。

## 133

**「転職する」「仕事を辞める」と
簡単に口に出すと、
協力できるものもできなくなる。
「だって辞めるんでしょ？」と
何もしてくれない人が増える。
会社のよさと仕事のよさを語って、
未来の明るさを語れば、
協力者はいつか現れる。**

不景気と呼ばれる時代だけど、
簡単に転職を口に出さないほうがいい。

134

# 大きな幸運の前には、
# 小さな幸運が転がっている。
# 大きな幸運は
# そんなに突発的に
# やってこない。
# 小さな幸運に気がついて
# 拾えた人が
# 次に、大きな幸運を
# 手にするだけ。

日々の小さな幸運に気がつけるようになりましょう。

## 135

**何でも「他人が悪い」と思う人は、**
**同じ失敗を繰り返し、**
**何でも「自分が悪い」と思い込む人は、**
**前には進めない。**
**多くのことは、**
**半分は他人が悪く、半分は自分が悪い。**
**学習しようとしなければ繰り返すだけ。**

不運や不幸や苦労から学ばなければならない。

## 136

**恋愛は「わかりやすい人」が一番モテる。**

「わかりにくい人」は面倒なだけ。

## 137

**誰かが自分のことを**
**語ってくれるような人になるといい。**
**「あの人はすごい」「あの人は優しい」、**
**自分の知らないところで**
**いい話のネタになるような生き方が**
**できることが大切で、**
**それが魅力があるということ。**

本人のいないところでその人を褒められるような、
素敵な人になりましょう。

## 138

**短気を起こすから、**
**短気になるような出来事がさらにやってくる。**

多くは自分が招いていること。

## 139

**傷ついて初めて知ることがある。**
**無傷がいいことばかりではなく、**
**傷つくことにも**
**慣れておいたほうがいい場合もある。**

傷ついて強くなれるもの。

## 140

**「運気はいいですよ」は**
**「過去の努力が報われますよ」の意味。**
**過去、努力していなければ、**
**その程度の結果しか出ない。**

運がよくても、努力がなくては何もない。

## 141

僕の占いが当たるのではなく、
占われた人が感謝をして、努力をするから
結果的に当たるだけ。
感謝のない人を占っても、
どんないい結果も当たらない。

感謝は幸運の始まり。

## 142

どんな不幸があっても
「これくらいで済んでよかった」
と思える人が、必ず幸運をつかんでいる。
小さな不幸を
勝手に大きな不幸にしないほうがいい。

過去の不幸や不運を「これくらいでよかった」と思う人に、
運は味方する。

## 143

**目標や目的、夢や希望は必要なくても、**
**大切なのは**
**生き方や礼儀や思いやり、生きる姿勢。**
**己の生きる姿勢は誰かが見ている。**
**救われるか見放されるかは、**
**その人の生きる姿勢次第。**

他人は必ず見ているし、気がついてくれるもの。

## 144

**悪口のネタになる人とは**
**縁を切ったほうがいい。**
**知り合いや友人は、**
**不満を言うためにいるわけではない。**

文句があるなら、会わなければいい。

## 145

**いい話を聞いたら、**
**他の人にも教えてあげると**
**いいことが起きる。**
**いい話をたくさん聞いて、**
**たくさん話せば自然と幸福になる。**

いい話をつなぐことは、幸運を呼ぶこと。

## 146

**洒落や冗談をある程度、理解できない人は、**
**幸運と不運を間違える場合がある。**
**愉快なことは愉快でいい。**
**楽しそうなことをしていたら、**
**楽しんだらいいだけ。**

何でもおもしろく受け止めてみると、
幸運が身近にあることに気づくもの。

## 147

**失敗や挫折は恥ずかしいことではなく、**
**自分に協力してくれた人や**
**助けてくれた人、育ててくれた人への**
**感謝の気持ちがない人、**
**感謝できないことを**
**「恥ずかしい」という。**
**恥ずかしい人にならないように**
**生きないといけない。**

「恥ずかしい」を間違えないように。

148

# 今、目の前にいる人に
# 好かれないのに、
# まだ出会ってもいない人に
# 好かれることはない。

身近な人に好かれる人が新たな出会いで好かれるだけ。

## 149

「人見知り」「人が苦手」と言うから、
余計に避けられるし、紹介もされなくなる。
嘘でもいいから
「人が好きだ」と言ったほうがいい。

いい嘘はどんどんつくといい。

## 150

「嫌なこと」
「イライラすること」
「不運だと思うこと」
「面倒なこと」
すべては、不運を消化していること。
不運はマメに消化しておくことで、
大きな不運を避けられるもの。

不運が小さければ小さいほど、
「超ラッキーだ」と思えばいい。

## 151

**成功者のフリをするから成功して、**
**お金持ちのフリをするからお金持ちになれ、**
**モテる人のフリをするから**
**モテるようになるもの。**
**フリをするためにも観察が必要。**

運のいいフリをすると、運はよくなるもの。

## 152

**愚痴や不満を聞くのは、誰でも嫌だから。**
**本当は、いい話やほっこりする話を**
**するほうが好きだから。**
**時々でもいいから、**
**「いい話をする会」をやるといい。**

いい話には敏感になっておくこと。

## 153

# 不安や悩みが
# 多いのではなく、
# 視野が狭いだけ。

欲が深過ぎる可能性もある。

## 154

**嫌うから、よさが見えないだけ。**
**見えないから嫌うだけ。**
**嫌うのは視野を狭くして、**
**己のチャンスを自らなくしているだけ。**
**嫌われたくて生きている人はいないから、**
**簡単に嫌ってはいけない。**

人を簡単に嫌うと、運は簡単に逃げていく。

## 155

**大切なのは心のゆとり。**
**心にゆとりがない人は、**
**言葉に優しさを失う。**
**優しい言葉を使えば、**
**心にゆとりが出てくるもの。**

優しい言葉はみんなが好き。優しい人に運は集まる。

## 156

**すべての情報は作り物でしかなく、**
**すべての情報は演出されている。**
**正しい情報はなく、偽りでもなく、**
**真実を知りたければ**
**自分で体験するしかない。**

情報は所詮、情報。

## 157

**自分が「善であり、正義」と**
**思っていることが**
**他人からは「迷惑で悪」な場合がある。**
**自分が正しいと思い込むこと、**
**自分は正義だと思い込むことが、**
**一番危険で怖いこと。**

「正しい」より「楽しい」を選んで生きてみるといい。

## 158

**大切なあいうえお。**
**「運」の次には「縁」があり、**
**「運」の前には「意志」があり、**
**「縁」の次には「恩」がある。**
**「意志」の前には「愛」がある。**

「恩」の次には「感謝」がある。

## 159

**自分のことだけを考えているから、**
**いつまでも不幸で不運。**
**他人のためにできることを探して**
**己を消せば、**
**自然と幸せになれるもの。**
**求められるように生きればいい。**

どんなに小さなことでもいいから、
他人のためになることを見つけられる人に運が集まる。

## 160

# 覚悟のない人に、
# 幸せはやってこない。

幸せな人には覚悟があるだけ。

## 161

**最悪は最高になる始まりかもしれない。**
**最高は最低への始まりかもしれない。**
**案外、普通で平穏がいいが、**
**普通が一番難しかったりもする。**

何が幸運で、何が不運なのかは、
死ぬまでわからないかもしれない。

## 162

**苦労するから**
**幸せになるわけではない。**
**幸せになろうと努力をするから**
**幸せになる。**
**ただの苦労は苦労で終わる。**
**幸せにつながるときは、**
**苦労を苦労と感じないもの。**

苦労と感じるなら間違った道かもしれない。

## 163

**他人と比べて、自分が劣っていると**
**感じることはアホらしい。**
**劣っているところもあるし、**
**優れているところもあるのが人間。**
**完全に優れている人なんて、いない。**

劣等感ほど不要なモノはない。

## 164

**才能があるのではなく、**
**ただ好きなことを続けただけ。**
**継続できただけで、それは才能になる。**
**才能が欲しいなら、**
**自分の好きなことを見つけて**
**続ければいいだけ。**

好きになれるのも才能。

## 165

**つらいときにつらいことを想像するから、
どんどんつらくなる。
明るく楽しいことを想像すると、
それだけで明るく楽しくなれる。**

「明るい妄想」ができる人が一番幸せ。

## 166

**褒められたら素直に喜んだほうが、
運は味方してくれるもの。**

褒められて喜んでも、損は何もない。

## 167

**9999回失敗をしても、**
**1回成功して、それで道が変われば、**
**9999回の失敗も失敗ではなくなる。**
**たった1回の成功で、人生は変わるもので、**
**それまでの努力と勇気と図太さが大切。**
**万が一になるように。**

失敗をどう活かすのか、失敗から何を学んだのかが重要。

## 168

**「軍」に「走る」で運。**
**運とは、軍が走るほどの力がいる。**
**軍が走る勢いが、運勢。**
**軍が命がけで走るから、運命。**
**運を動かすには、軍を動かすほどの**
**意志や覚悟がないといけない。**

運はそんなに軽いものではない。

## 169

「おかげさまで」
「感謝しています」
「ありがとうございます」
これが本心から出ることは素敵だが、
最初は嘘でもいい。
言葉に出すことが大切。
出し続けていれば、
次第に運も周囲も変わってくる。
とても不思議な３つの言葉。
自然に出せるようになったときには、
幸せをつかんでいる。

いい言葉を出し続けてみると、
周囲も自分も変わってくるもの。

## 170

**高い目標もいいが、**
**目標を高くすると、**
**なかなか自分を褒められない。**
**まずは小さな目標、**
**クリアーできる目標を作り、**
**達成して自分を褒めるといい。**
**目標を小さく刻むということは、**
**己を褒めることが**
**できる大切なことでもある。**
**もっと自分を褒めましょう。**

褒められれば、また頑張れるだけ。

## 171

# 粗悪なものは
# 食べてはいけない。
# 食べ物は未来の自分への
# 投資だから。

自分に優しく、他人にはもっと優しく。

## 172

**批判的な人は「変化できない人」。**
**そんな人だと思えばいい。**
**変化をする、前進する、進歩する人を見て、**
**自分ができないから、**
**批判することしかできない。**
**そんな人なだけ。**

無知な人ほど簡単に批判するだけ。

## 173

**不自由を感じるから便利がわかるもの。
常に、「楽」と「便利」はいらない。
「つらい」「面倒くさい」は、
「おもしろい」の始まりで、
無駄があるから人生はおもしろい。
「おもしろい」は自分でつくるもの。**

思い出の多くは面倒だったこと。

## 174

# 「運が悪い」と言わない、思わないことが幸運への近道。

運は、運の責任にして逃げる人に
味方しないもの。

## 175

**学歴が低くても、知識がそれほどなくても、**
**仕事が少しくらいできなくても、**
**コミュニケーション能力が高ければ、**
**すべてをひっくり返すことができる。**

すべての幸せは他人がつくってくれるから。

## 176

**過去の失敗を恐れて**
**何もできなくなってしまう人、**
**過去の成功にしがみついて**
**前に進めない人がいる。**
**過去の失敗を早く忘れ、**
**成功も早く忘れられるといい。**

過去は過去、今は今で、未来は未来。

## 177

**「こうなりたい」がないのに、**
**現状の不満を言うだけでは何も変わらない。**
**まずは**
**「こうしたい」「こうなりたい」が大切で**
**それがわかれば、**
**どう努力するべきかが見えてくる。**

なりたい自分を想像してみましょう。

## 178

**他人を褒めても、**
**自分が失うことも損することもない。**
**褒めて得するのは自分だけ。**

他人をどんどん褒める。褒めれば褒めるほど運はよくなる。

## 179

**飲み会や集まりの幹事をやってみるといい。**
**一度もやったことがない人ほど、**
**幹事はやったほうがいい。**
**優しい人や面倒な人、**
**協力してくれる人など、**
**いろいろ見られて勉強になる。**

いろいろな立場を経験して、
初めてわかることがたくさんある。

## 180

# 小さなことで
# イライラすると、
# 大きなことを見失う。

イライラして、いいことも得なこともない。
イライラすることがまた起きるだけ。

## 181

# 今を楽しめない人は、
# 未来も楽しめない。
# 今を努力しない人は、
# 未来も努力しない。

楽しみながら努力できる人が一番幸せな人。

## 182

**「おはようございます」**
**「こんにちは」**
**「お疲れ様でした」**
**相手に言われる前に、自分が言えると、**
**運が少し上がる。**

笑顔で言えれば、運はもっと上がる。

## 183

**成功とは自分でするものではなく、**
**世間や世の中がさせてくれるもの。**
**誠実に忠実に、素直に生きて、**
**他人のためになることに**
**熱心になれるといい。**
**そして、謙虚な気持ちが本当にあれば、**
**助けてもらえるし、**
**どうにかなるもの。**

成功とはひとりではなく、他人とすること。

## 184

**愚痴や不満を言いたいときもあるけれど、**
**そんなことを言う暇があったら、**
**今やれること、今できることに、**
**全力で取り組んだほうが素敵だと思う。**

前向きにポジティブに、素直に頑張れば夢は叶うもの。

## 185

**成功すると楽しいのではなく、**
**楽しいから成功するだけ。**
**地位や名誉があっても**
**楽しくなければ成功ではなく、**
**人生を楽しんだら成功しているもの。**

楽しいことを続けて、
自分も周囲も笑顔にできる人に運が集まる。

## 186

**これを勉強したら、**
**「周りに喜ばれるだろうな〜」**
**「周りがおもしろがってくれるだろうな〜」**
**「人の役に立てるだろうな〜」**
**と思うことを学ぶと、人生は楽しくなる。**

勉強とは、己のためにするのではなく他人のためにすること。

## 187

**「得意じゃない」**
**じゃあ、勉強すればいい。**
**研究すればいい。**
**努力すればいいだけ。**

最初から得意な人より、努力で超える人のほうが多い。

## 188

**人生がうまくいかないのは、**
**自分の考えが間違っているだけ。**
**計算通りに進まない人は、**
**計算が間違っているだけ。**
**理論通りに進まないのは、**
**その理論が間違っているだけ。**
**改めなければならないのは、自分の考え方。**

上手に人生を歩んでいる人の真似をすればいい。

## 189

**天職とは己が選ぶのではなく、**
**働いていたら天職になっているもの。**
**楽しく一生懸命仕事をすれば、**
**すべては天職になる。**

天職とは、選ぶのではなく、選ばれるもの。

## 190

**特別な才能がなくても、**
**特別な才能がある人と**
**たくさん仲良くなれれば、**
**それも才能。**
**他人の才能に気がつき、**
**他人の才能を見つけられるのも才能。**

自分の才能はいらない。
他人の才能を認められる人になればいいだけ。

191

# 明日役立つことや、未来に役立つことは、今はまだわからない場合が多い。今は苦労で無駄かもしれないが、未来に価値が出てくることがある。

無駄だと思っても、いろいろやってみるといい。

## 192

**運のいい人は、話を上手に聞く。**
**運の悪い人は、自分の話ばかりする。**

人の話は最後までしっかり聞くように。

## 193

**「何もできない」と嘆く人でも、**
**笑顔と掃除は誰でもできて、**
**それは、誰にでも喜ばれる。**
**どんな人でも、人を喜ばすことはできる。**
**それが幸せってもの。**

幸せとは他人を喜ばせること、互いに感謝すること。

## 194

**「モテ期」とは**
**「楽しそうに生きている時期」。**
**楽しそうにすれば、**
**楽しくすれば簡単にモテる。**
**モテない人は楽しそうに生きていないだけ。**

日々ニコニコ、楽しそうに生きていれば自然とモテるもの。

## 195

**どんな事情があっても、**
**他人の責任にしている限り、成長はない。**

他人の責任にするほど楽な生き方はない。
ラクはラクでも来《ら》苦《く》にならぬように。

196

# 正解は
# ひとつではないことを
# 知っている人は、幸せ。

正解を求めなくてもいいことはいっぱいある。

## 197

**人生はどうやって楽しく生きるのかが大切。**
**「楽しい」と「怠ける」は違う。**
**真面目に生きる必要はない。**
**楽しく生きればいい。**
**自分が何をしていると楽しいのか、**
**それを見つければいいだけ。**
**怠けてはいけない。**

自分と他人を楽しませることを日々考えて行動するといい。

## 198

**何もしないで「難しい」と簡単に言う人は、**
**運を手放す。**
**実行してみて「難しかった」と言う人は、**
**運を手に入れる。**

「難しかった」は経験として話せて、力にもなる。

## 199

**愚痴を言わないゲームをすればいい。**
**不満を言わないゲームをすればいい。**
**愚痴を言わない遊びだと思って、**
**不満を言わない遊びだと思えば、**
**だんだん楽しくなってくる。**

愚痴を言ってしまったときは、
その３倍、いいことを話せばいい。

## 200

**いろいろな人のおかげで生きていることに**
**気がつくことは幸せ。**

ひとりでは何もできない。

## 201

**その言葉で元気になれたり、**
**前に進めたり、やる気になれるなら、**
**その言葉が嘘でもいい。**
**真実だけが正しいとは限らない。**

嘘でもいいから、
前に進むきっかけが欲しいときが人にはある。

## 202

**不満を言う前に、**
**目の前の幸せや**
**小さな幸せに**
**気がつく癖をつけましょう。**

小さな幸せに気がついていないから不満が出るだけ。

## 203

素直に生きればいい。
素直に生きてみて他人から注意されたり、
素直に生きて叱られるなら、
間違った素直なだけ。
素直に直せばいい。
素直に言うことを聞けばいい。
それが本当に素直に生きるということ。

素直が一番いい。素直で上手くいかないなら、
間違った素直の場合もある。

## 204

よく道を尋ねられる人は、人柄がいい。
道を尋ねられるような生き方をしている人は、
幸せなこと。

尋ねる人のことを考えれば、
どんな人でいる必要があるかわかるもの。

205

# 不幸だと思い込んだら、
# 不幸が来るだけ。
# 幸福だと思い込んだら、
# 幸福が来るだけ。

多くは思い込み。なら、どう思い込んだらいいかは簡単。

## 206

**嫌われているのは
自分のほうだと気づいていない人が
簡単に人を嫌う。**

嫌いな人、苦手な人ほど褒めてみるといい。

## 207

# 他人を幸せにできる人は、幸せが何かわかっている。わかっているから自分も幸せになれるだけ。

自分も幸せだから他人も幸せになってほしいと思える人が、
幸せになれるだけ。

## 208

「無理だな～」「限界だな～」と思ったとき、
実は、その倍、頑張れるらしい。
逆に言えば、
心は4分の1の段階で折れ始める。
心を鍛えれば多くのことができる。
精神を鍛えることは、
多くのことができるようになること。

「無理だ」「限界だ」と思ったら、まだまだ頑張れる。

## 209

仕事、健康、家庭。
このバランスが悪いほうが当たり前で、
この3つのバランスがいいときが幸運期。

崩れないように意識し過ぎると
小さくまとまり過ぎることもある。

## 210

**「私は運がいい」「私はツイている」**
**そう言うと、本当に運がよくなるし、**
**「あなたは運がいい」**
**「あなたはツイている」と、**
**他人に運のよさを教えてあげられると、**
**もっと運がよくなる。**

運のよさを教えてあげないと
気がつかない人はたくさんいる。

## 211

**明るく、笑顔で、ポジティブでいるだけで、**
**人生はスムーズに進む。**
**人生はとても簡単。**

勝手に難しいと思うから難しくなるだけ。

## 212

どんな言葉も、
どんなアドバイスも、
どんな作品でも、
どんなに役立つものでも、
受ける側に悪意があれば、
何でも悪く受けとめて悪く使う。
善意のある人は、何でもいいほうに解釈し、
いいほうに使うだけ。

己が善だと決めつけないほうがいい。

## 213

完璧な人はいないけれど、
欠点を直す努力は大切。

でも、完璧にはならないもの。

## 214

**悩みと不安は自分で作っているだけだから、
自分が変われば自然となくなる。**

多くの悩みや不安は忘れるもの。
3年前の悩みや不安を覚えている人のほうが少ない。

## 215

**「言い訳をする」
「他人のせいにする」
「気分で仕事をする」
そんな人に、誰も憧れない。
他人から憧れられるように
生きてみるといい。
あなたの生き方に誰が憧れるのか、
憧れられるようにどうやって生きるか。
考えてみるといい。**

誰もが憧れる人はどんな人か観察してみるといい。

## 216

「運を上げたい」
「幸せになりたい」
「仕事運を上げたい」
「恋愛運を上げたい」
そう思うなら、毎日掃除するといい。
毎日、掃除を続けられたら、
運は必ず上がるもの。
「運がよくなった」
「幸せになれた」と実感するまで、
毎日、掃除を続けるといい。

掃除は開運のカギ。掃除をする人は運をつかむ。

## 217

**人と話すときは「この人が好き」、**
**そう思い込みながら話をすると**
**好かれるもの。**
**すべての異性相手にそう思って話すと、**
**自然とモテ始めたりもする。**

「好きだ」と思って気持ちを込めて話してみるといい。
試しにやってみるといい。

## 218

**返せる恩は返しておかないと。**
**恩を返せないことは一番悔やむことだから。**

恩を感じられる人に出会えたことは、とても幸せなこと。

## 219

# 何歳でも「まだ間に合う」と思って行動した人が間に合うだけ。

そのとき、勘を信じてみるのもいい。

## 220

**今の自分に飽きるから挑戦ができる。
飽きないと進めないこともある。
現状に満足していることに飽きるから、
次の幸せがある。
ただ、その幸せの前に
少し面倒なことがあるだけ。**

飽きるから成長できる。

## 221

# 責任感のある人に
# 運が集まるのは、
# 他人のために頑張る人に
# いろいろな人が
# 協力してくれるから。
# 己のためだけに生きる人に
# 味方はいないし、
# 運も味方しない。

他人の役に立てるということは、幸せのひとつ。

## 222

**音楽は耳で聴くのではなく、**
**全身で聴くといい。**
**「運気が上がらない」と思う人は**
**音楽を全身で聴くといい。**
**時々でもいいのでライブに行くといい。**

時々、全身で音楽を聴くと運気が上がるもの。

## 223

**よく考えたら、**
**幸せなことのほうが多いのに。**
**幸せに敏感に、**
**不幸に鈍感に生きたほうがいい。**

考え方、発想ひとつで人生は変わるもの。

## 224

**お金のことばかり考えて、
視野が狭くならないように。
自分のできること得意なこと好きなことで
周囲を幸せにできれば、
お金や幸せは後からついてくる。**

目先のお金に走ると多くを失う。

## 225

**「やってみないとわからない」
「できないと思ったことがない」
幸福を運ぶ言葉。
嘘でもいいから言うといい。**

ほとんどのことは
やってみないとわからないことばかりだから。

## 226

**頑張るのは、己のためではなく、**
**もっと頑張っている人、**
**頑張り続けている人に会うため。**
**会って、そのときに**
**恥をかかないようにするためにも、**
**頑張り続けることが大切。**

途中で諦めてしまったら、その輪の中には入れなくなる。

## 227

**他人に臆病になっていると、**
**チャンスもなければ、成長もないまま。**
**人は、人に会うことが一番の勉強。**

人に慣れれば、世の中が楽しくなる。

## 228

**明日のことは誰にもわからないのに、**
**不安になったり**
**心配になったりしても仕方ない。**
**「明日は絶対に楽しい」と思えば、**
**今も楽しくなる。**
**その積み重ねで、未来も明るくなる。**

どうなるかわからない明日を心配しても仕方ない。

## 229

**「歩む」とは「止まる、少し」と書く。**
**人生という歩みは、**
**少し止まることも必要。**

止まるから周囲が冷静に見えるもの。
時々、止まってみるといい。

## 230

**笑顔でいると、運はやってくる。**
**人の見ていないところでも笑顔でいると、**
**もっと大きな幸運がやってくる。**
**人前だけの笑顔では、**
**薄い幸運しかやってこない。**
**大切なのは人の見ていないときでも**
**笑顔でいること。**

笑顔は誰でも幸運になれる方法のひとつ。

## 231

**結婚とは幸せになることではなく、**
**苦労を共にできる相手を探すこと。**

互いに相手を「幸せにしたい」。
そう思ったら結婚すればいい。

## 232

**「人」に「良い」と書いて「食」。**
**仲良くなりたければ、食事に誘えばいい。**

人生を良く生きたいから「食」でもある。

## 233

**「どうしてわかってくれないの！」と**
**怒ったり、悩んだりする前に、**
**「自分の伝え方が悪いのでは？」と**
**思うこと。**
**言葉選びや伝え方、タイミングを**
**あれこれ変えてみると、**
**伝わることもある。**

わかってくれなくて当たり前。伝わったらラッキー。

## 234

**恋と欲望は違うのに、**
**一緒になっているから**
**恋愛が上手くいかない人がいる。**
**理想が高いのではなく、欲深いだけ。**
**もっとシンプルに楽に考えて、**
**素敵な恋をするといい。**

欲張り過ぎるから恋が上手くいかない。

## 235

**自分を苦しめるほどの向上心はいらない。**

野心や向上心はいいが、
自分を苦しめるほどならいらない場合もある。

## 236

**「今までの頑張りは**
**このためにあったのか」**
**そう思えるときが来るまで、**
**頑張ればいい。**

頑張り続けてみるものです。

## 237

**「安いから」で買うことは**
**今すぐやめたほうがいい。**
**一流を知る。**
**最高を知ることで、己も成長できる。**
**安いほうへ、安いほうへ、**
**向かう先には一流がない。**

一流を知ると、目指すところも見えてくる。

## 238

# 運気のいいときは、人との縁が切れることがある。

運がいいから、別れるべき人と別れることもある。

## 239

# 得意も才能。苦手も才能。

どんな人にも才能はある。

240

# ピザも注文するから
# やってくる。
# 注文してないのに、
# くることはない。
# 幸せも呼ぶからやってくる。

愚痴るから、愚痴れることがやってくるだけ。

## 241

**自分が悪いと思ったら、**
**素直に認めることは、大切で当たり前で。**
**言い訳や他人の責任にすることほど**
**見苦しい生き方はない。**
**それは周囲が見ているし、**
**ごまかしは所詮、ごまかし。**
**いつか己に返ってくるだけ。**

言い訳は不運の始まり。

## 242

**勉強は己のためではなく、**
**他人のためにするもの。**
**他人のために学ぶから求められ、**
**求められるからもっと学ぼうとする。**

偉そうにするために、我々は学んでいるわけではない。
他人のために学んでいることを忘れぬように。

## 243

**他人が己のために**
**時間を使ってくれたことや**
**頑張ってくれたことを**
**「得した」と思う人には不運がくる。**
**感謝し、「恩を返そう」と思うと**
**幸運がくる。**

「自分だけ得した」なんて思うのは、恥ずかしいこと。
「得した」と思ったら感謝しましょう。

## 244

**「頼れる」と思って一緒になったら、**
**頼りないのが男で、**
**「弱い」と思って一緒になったら、**
**強いのが女ってもの。**

男は弱いから強さをアピールして、
女は強いから弱さをアピールしている。

## 245

**今を守ろうとばかり考えるから、
マイナスと不安と心配ごとに目がいく。
流れに任せ、引くこと、譲ること、
手放すことも大切で、
流れの中で生きればいい。**

流れに逆らってはいけない。

## 246

**得たときに学び、
失うときにはもっと学ぶ。**

常に学べるのが人生。

## 247

**人の出会いや縁は一度**
**いい出会いやいい縁につながると、**
**どんどんいいほうに**
**つながっていくもの。**
**今の人間関係が**
**本当に駄目だと思うなら、**
**断ち切って、**
**次の出会いを求めたほうがいい。**

自分の人生が納得いかないなら、
出会いを変えてみるといい。

## 248

**損得勘定や**
**コストパフォーマンスばかり見ていると、**
**大切なことを見失う。**
**価値とは、損得だけではない。**
**損をしてもいいこともある。**
**損にしないように、どう生きるかが大切。**

人生はお金だけではない。

## 249

**幸せになるには、**
**勇気と度胸と気合がいる。**

思い切って行動してみるといい。
人生は一度きりなんだから。

## 250

**価値観が合う人はいない。**
**好きな人の価値観を楽しめばいいだけ。**
**すべてを理解できないなら、**
**楽しむ努力をすればいい。**

わからないことや理解できないことがあるから
刺激になるもの。

## 251

**迷っているのではなく、**
**選択の幅が広いだけ。**

ならば、好きなこと、得意なことを選べばいい。

## 252

**「当たり前」**
**そう思ったら、それは感謝すべきこと。**
**感謝とは、当たり前になった日々の**
**ことだから忘れてしまう。**
**忘れてしまうから、**
**感謝を忘れぬように生きないといけない。**

日々は当たり前だから、日々感謝できる。

## 253

**トイレットペーパーを交換できると、**
**運気が上がる。**

こんなに簡単に、他人のためになることができるなんて、
何かいいことがある兆し。

## 254

**不慣れなことや苦手なことに、**
**楽しいことがいっぱい隠れている。**
**今の不慣れや苦手は、**
**未来の「楽しい」かもしれない。**
**勝手な思い込みで「楽しい」を**
**見失わないように。**

不慣れだったことが得意になることもある。
最初は誰だって不慣れなもの。

## 255

**「楽しくない」「おもしろくない」は、**
**他人任せか、己の努力が足らないだけ。**
**「楽しくする」**
**「おもしろいことを探す」のが、いい人生。**

自分で「楽しくする」「おもしろくする」癖を身につけたら、
人生はとても明るくなる。

## 256

**運は順番で必ず巡ってくる。**
**大きな運が来る一歩手前が、**
**一番くじけやすく、**
**腐りやすく、**
**挫折しやすい。**
**現状がつらいなら、**
**あと一歩かもしれないことを**
**忘れぬように。**

あと一歩、その一歩が幸運のカギ。

## 257

**助けてくれる、協力してくれる人のほうが少ないのが現実。**
**だから、恩や感謝は忘れてはいけない。**

己が助けるほう、協力するほうになればいい。

## 258

**「自分も楽しい、他人も楽しい」が**
**運を味方にする人。**
**「自分だけ楽しければいい」は**
**運に見放される人。**

相手の立場になって考えてみるといい。

## 259

**人を引きつける魅力的な人は、**
**磁石みたいなものだから。**
**逆に反発する磁石もあるだけ。**

好かれている多数に目を向ければいいだけ。

## 260

**「わかってくれ」と思う前に、**
**己がわかろうとすることが大切。**

自分はこれまでどれだけの人のことを
「わかろう」と努力してきたのか？

## 261

「運がいい」と言う人が
運がよくなり、
「感謝してます」と言う人が
感謝され、
「おかげさまです」と言う人に
味方が増えるもの。

言葉はその人を表して、人は言葉によって動くもの。

## 262

手放すから、手に入れられるものがある。
恐れず、手放せばいい。
楽になり、新たな世界がきっと広がる。

両手いっぱいでは、次のものが手に入らない。
隙間があるほうがいい。手ぶらのほうがいいことがある。

## 263

**イメージできる幸せは手に入れられる。**

自分の本当の幸せは何かじっくり考えてみるといい。

## 264

**今日**
**「これは幸運だった」と、**
**ひとつでも**
**見つけられる人には、**
**明日も幸運があるもの。**

些細な幸せに気がつける人が、大きな幸せにも気がつける。

## 265

**時間もお金も占いも、賢く使うもの。
振り回されるものでも、
使われるものでもなく、
信じるものでもない。**

何をどう使うか、知恵を絞って賢く使えばいいだけ。

## 266

**出会いにおいては、
常に自分に相応しい人が現れている。
自分を高く見積もりすぎているから
気がつかないだけ。**

自分の周囲にいる人は、己がつくったもの。

## 267

**不運の多くは、愛があれば解決する。**
**覚悟があれば乗り越えられる。**
**楽しむ心があれば、**
**不運とすら感じなくなる。**

心を受け入れられるから「愛」。

## 268

**短気で、余計なひと言が多い人、**
**しゃべり過ぎる人は、**
**自分で幸運を破壊することが、多々ある。**

言葉を大切に。

## 269

# 才能と出会いは、「ない」と口に出すとなくなるもの。

才能も出会いもない人はいない。

## 270

**好かれる理由は、嫌われる原因でもある。**
**「かわいい」で始まった恋は、**
**かわいくなくなれば終わる。**
**お金で始まった恋は、**
**お金がなくなれば終わる。**

好かれるということは、怖いことでもある。

## 271

**報告、連絡、相談ができる人は**
**人間関係も上手。**

人間関係が上手にできれば、小さな不運は避けられるもの。

## 272

**短気でいいことはない。**
**口が悪くて、いいことはない。**
**一緒に長くいられる人、いたいと思う人は**
**どんな人なのか、**
**少し考えればわかること。**

機嫌よく生きるくらいは、自分でなんとかするもの。

## 273

**「ムカつく」「苦手」「無理」「難しい」**
**全部、自分が決めたルールだから。**
**そのルールを壊してしまえばいい。**
**つまらないルールに縛られないように**
**生きたほうが楽でいい。**

自分のつくったつまらないルールに、
早く飽きたほうがいい。

## 274

**人の幸せに協力できることは、幸せなこと。**

協力は誰でもできるもの。

## 275

# 些細なことへの感謝を忘れない。些細な不愉快は気にしない。

どちらの些細を気にして生きたほうがいいのか、
考えなくてもわかるもの。

## 276

### 自分の都合だけを考えていると、いつまでも幸運には巡り会えない。

誠実さと素直な気持ちを忘れずに。

## 277

**幸運は偶然ではなく、**
**日々の努力の積み重ねと考え方次第で**
**やってくるもの。**

努力をしていなければ幸運もピンチになる場合がある。

## 278

# 幸せの基準は下げられるだけ下げたほうがいい。

些細なことに喜べる人は、いつでも幸せ。

## 279

**「お金持ちになりたい」と、**
**愚かなことを言っていても叶わない。**
**「お金を得て何をしたいか?」が重要で、**
**お金は**
**その目的のための手段のひとつでしかない。**

お金がなくても、己の目的を叶える手段はいろいろある。

## 280

**自分の夢は叶えられなくても、**
**他人の夢の協力はできる。**

他人の夢を叶えてあげられることは、素敵なこと。
そして、誰にでもできるもの。

## 281

**自分の目標や夢や**
**好きなことを見つけたときに、**
**「今度」「いつか」「明日から」と**
**思ったらもう叶わない。**
**自分の目標や夢や**
**好きなことが見つかったら、**
**今すぐ行動する人が、幸運を手にできる。**

今、動くから、変わり始めるもの。

## 282

**やる気は待っていてもやってこない。**
**行動した先にやる気があるもの。**
**やる気を待つ人に成功者はいない。**

成功者は全員行動しただけ。

## 283

「好きな人に好かれない」と嘆くときは、
自分のレベルを上げるとき。

低レベルでは愛されない。
愛されたいなら己が成長すればいいだけ。

## 284

あることに
気がつくのが幸運。
ないことを
ねだるのが不運。

ないものを欲しがる人、
あるものを当たり前だと思ってしまう人は不運をつかむ。

## 285

**相性のいい人や**
**本当に仲良くなれる人のほうが少ないもの。**
**だから、たくさんの人に会ったほうがいい。**
**会えば会うほど、**
**自分と仲良くなれる人が見つかるもの。**
**ソリの合わない人に**
**ガッカリやイライラすることはない。**

たくさんの人に会えば、己の成長にもなる。

## 286

**「行けたら行く」と言う人に、**
**運は味方しない。**

行くなら行く、行けないなら行けない。
はっきりすると運もよくなる。

## 287

**不満を感謝に変換する努力ができる人、**
**不満を感謝に変えられる才能がある人は、**
**必ず幸運をつかむ。**

すべてに感謝を。不満にすら感謝できたら、
人生は楽しくて仕方がない。

## 288

**心配する出来事の多くは起こらないから、**
**チャレンジを続ければいいだけ。**
**失敗や挫折は経験で、**
**そこから学べばいいだけ。**

チャレンジしないことが一番の失敗。

## 289

**ウジウジつまらないことを考えて**
**時間を無駄にして、**
**言い訳を探す人生を送るよりも、**
**「運がいい」「ついている」**
**「幸運だ」「ラッキーだ」**
**そう言って、**
**そう言い続けて、前に進めばいい。**
**言っているうちに、本当に変わってくる。**
**1回では変わらなくても、**
**1週間続けてみればいい。**
**1年後には、人生は大きく変わって、**
**本当の運のよさがわかってくるもの。**

続けてみれば自分も周囲も変わってくる。
変わってくるまで続けてみるといい。

## 290

**ネガティブな星を持っている人は**
**一生ネガティブだが、**
**この星を持った人が**
**一転、ポジティブになるとすごい。**
**大金持ちや大成功する人、**
**芸能人にこの手の人が多かったりする。**
**生まれつきネガティブな人は、**
**チャンスかもしれない。**

ポジティブに考えて、ネガティブに計画を立てて、
ポジティブに行動することがいい。

## 291

**「楽しい」と思えるということは、**
**何かを努力したり、苦労を乗り越えたから。**
**何も努力しないで、苦労もしないと、**
**楽しくもなくなる。**

努力をすればもっと楽しくなる。

## 292

**知性と教養がないと、**
**簡単に人を不愉快にする。**
**少し考えればわかることで、**
**自分に知性と教養がないことを**
**表してしまう人がいる。**

言葉や態度に出てしまうのが、知性と教養。

## 293

# 勝てないなら
# 見習えばいい。

勝たなくてもいい。
見習って、真似てみればいいだけ。

## 294

**大人になると強くなるのではなく、**
**己の弱さを知るようになる。**
**己の弱さを知るから、**
**助け合い、協力をする。**
**「自分は強い」と思い込んでいるうちは、**
**まだ子供なだけ。**

子供のままではいけない。
己の弱さを知って、周囲と協力をし、
己のできないことは頭を下げ、
自分のできることで他人を助けるのが大人というもの。

## 295

**楽しい人は楽しいことを考えて、**
**つまらない人はつまらないことを考えて、**
**イライラする人は**
**イライラすることを考えているだけ。**

幸せになるには、おもしろいことと楽しいことを
常に考えるようにするといいだけ。

## 296

**簡単なことを教えてもやらない人は、**
**簡単に運に見放される。**
**運が悪くなっているのは、**
**自分が運の悪い行いをしているだけ。**
**考え方、生活リズム、食事を変えれば、**
**運も変わる。**

簡単なことの積み重ねが運を変える。

## 297

**仕事を一生懸命するほうが楽しく遊べ、**
**仕事から逃げようとする人は、**
**どんどん遊べなくもなる。**

遊びたいなら一生懸命仕事をすればいい。

## 298

**今日も無事に何もなく終える**
**という幸せもある。**
**何もないから超幸せ。**
**忘れてはいけないこと。**

何もないから日々が幸せ。

## 299

**流されることがあり、
流されるときがある。
流れ着いた場所で、
求められることを
すればいい。**

流されたほうが自分のやりたいことができたりする。

## 300

**「食わず嫌いや
好き嫌いをなくしたほうがいい」は、
食べ物だけではなく、
世の中の多くに当てはまる。**

何でも好きになれば人生は楽しくなるだけ。

## 301

**他人を馬鹿にする人は**
**不運を自分で呼び寄せるだけ。**
**小馬鹿にするだけでも、不運はやってくる。**
**思っても口にしなければいい。**
**それだけで不運は避けられる。**

他人を馬鹿にしている人が一番愚かで
不運をつかんでいるだけ。

## 302

**自分の外見は、看板であり、**
**顔や服装やアクセサリーも看板の一部。**

看板磨きを忘れぬように。

## 303

「ライバルに勝つ」
「他人と差をつける」
そんなことはどうでもよくて。
常識の範囲内で、人と違う生き方や
違う角度で物事を考えるようにするだけで
人生は好転する。

他人と協力するのが社会。

## 304

「カッコいい」は外見でなく、生き方。
カッコいい生き方をすると
運は自然とよくなる。
自分の言動や生き方がカッコいいのか、
考えるといい。

「カッコいい」と「カッコつける」は大きく違う。

## 305

# 恨みや妬みやひがみは、
# 教わらなくてもできるのに、
# 感謝や恩返しやお礼は、
# 教わらないと
# できない人が多い。

感謝や恩返し、お礼ができる人に運は集まるもの。

## 306

### 学んで行動しない人は、
### 学んでないと同じ。
### 行動することは、とても重要。

行動しながら学べばいい。

## 307

**自分の「正しい」と、**
**他人の「正しい」は違う。**

「正しい」を押しつけるから、揉めごとが起きる。

## 308

**今の自分を見つめて、**
**今の自分を認めて、**
**今の自分を許すこと。**
**出会いも、恋も、仕事も、**
**すべては今の自分に**
**見合っている。**

まずは現実をしっかり受け止めること。

## 309

**人生の悩みの多くは、人間関係と健康。**
**ならば体調管理をしっかりして、**
**他人と楽しめるような人になればいい。**

軽い運動と笑顔は幸運のカギ。

## 310

**「自分は貧乏くじばかり引くな」と**
**思っている人は、**
**他人から妬まれたり、恨まれることはない。**
**そんな幸運を手にしている。**

貧乏くじばかり引いていると、力も身についてくるもの。

## 311

**完璧にも思い通りにもならないことに、**
**イラ立つことはない。**
**みんなそんなもので、そうして生きている。**
**イライラするほうが馬鹿らしく無駄な時間。**
**もっと楽しいことに**
**時間を使えばいいだけ。**

みんな未熟、あなたも未熟。
未熟者同士で助け合っているのが社会。

## 312

**聞き上手の伝え上手は、**
**運をつかむのも上手。**

相手の話を上手に引き出せる人も運をつかむ。

## 313

**他人のいいところを探すほうが難しいから、
価値がある。**

他人のいいところ探しのゲームだと思って、
楽しんでやればいい。

## 314

**「出て」「会う」から「出会い」。
そんなことは簡単で、
出て会ってから、何ができるのか。
また会いたいと思わせられるのか。
そのために大切なのが、
笑顔と愛嬌と前向きな話。**

愛嬌は男にも必要。

## 315

**体や心が成長するように、運も成長する。**
**不運と思うことは、**
**運を成長させるきっかけになる。**

すべては運の成長のため。

## 316

**心が疲れたときは、**
**好きな音楽と、好きな匂いと、**
**美味しい物を食べて、**
**散歩をして、たくさん寝る。**
**これで多くの心の疲れは減るもの。**

心を休ませることを忘れないように。脳と心は別物。

## 317

**好きなことをやって、**
**嫌いになることもある。**
**好きではないこともやってみると、**
**好きになれたりもする。**

何が好きになれるかは、やってみないとわからないもの。

## 318

**何でも白黒ハッキリさせようとしなくていい。**
**何でもグレーなところはある。**
**グレーだから落ち着くことはたくさんある。**

ハッキリしないからいいこともたくさんある。

## 319

**信頼は、幸運を引き寄せる。**
**信頼されるようにどう生きるかが大切で、**
**信頼できる人がいることは幸せ。**

信頼できる人に出会った安心感を
相手にも与えればいい。

## 320

**暇が一番の贅沢で、**
**暇をただ潰すのか、**
**暇だから勉強するのかで、**
**人生は大きく変わる。**

暇を暇のままにしないように。
暇つぶしほど無駄なことはなく、
誰でもやれることはいっぱいあるから。

## 321

# 感謝できると、
# いろいろなことに
# 気がつける。
# 感謝がないと、
# 気がつけないことが
# たくさんある。

本気で感謝すると見えてくることがたくさんある。

## 322

### 清潔感は運気を上げる。

清潔で嫌われることはない。

## 323

# 人を喜ばすことに
# 一生懸命になれると、
# 人生はとても楽しくなる。

他人を笑顔にできる人に、運は味方するもの。

## 324

**他人に過度に期待をするから、凹むだけ。**
**そんなに期待しないで、**
**気楽に過ごしたほうがいい。**

期待をするなら、自分にしたほうがいい。

## 325

**老後のことを考えて生きるのはいいけれど、**
**今日を、明日を、楽しめないで、**
**老後が楽しいわけがなく。**
**「楽しい」をつないだ老後が来るように、**
**努力しなければならないだけ。**

明日が普通にあるとは限らない。
今の「楽しい」をつなぐといい。

## 326

**考え方が変われば、人生はとても楽になる。**
**多くの困難や苦労や挫折は、**
**考え方を変えるきっかけでしかなく、**
**変わらぬ人には**
**何度も同じような壁が来るだけ。**

変わらなくてはならないのは己のほう。

## 327

**心配は大切ではない。**
**信じること、**
**信用すること、**
**信頼することのほうが重要。**

心配しても始まらない、信じるから始められる。

## 328

**特別な才能をもった人よりも、**
**努力と継続、**
**誠意や感謝、恩返しをした人のほうが**
**多く成功している。**

「特別」はいらない。
簡単で単純なことの積み重ねと
人として当たり前のことが大切。

## 329

**他人に助けを求めるなら、
どんな人なら他人が助けたいと思うのか、
相手の気持ちになって考えるといい。
態度の悪い人に手を差し出す人は少ない。
感謝のない人は助けてもらえなくなる。**

助けてもらいたいなら、日々誰かを助けておけばいい。

## 330

# 実力がないことや無能なこと、無知なことを知ることが成長の始まり。

誰でも、始めは無知で無能。

331

# 「許せない」と思った相手を許せたときに、運は一気に上がるもの。

自分も他人も許せばいいだけ。

## 332

**「ダメだ」と言われても**
**わからないことがある。**
**体験、経験して、**
**初めて「ダメ」とわかることもあるもの。**
**そこで学べばいいだけ。**

「ダメ」も、やって恥をかいてみると納得できるもの。

## 333

**本当に悩めば、行動が変わる。**
**行動が変わらない人は、**
**本当に悩んでいないだけ。**

本当に現状が嫌なら動けばいい、変えればいい。
耐えられているならまだ頑張れるだけ。

## 334

**「頑張っている人」は、**
**隣に「もっと頑張っている人」がいれば、**
**「サボっている人」に変わってしまう。**

空席で頑張るから評価されるもの。

## 335

**情報には、演出や他人の感情が、**
**多かれ少なかれ入ってくるもの。**
**情報を入れ過ぎると、**
**心が乱され疲れてしまう。**
**余計な情報は入れないほうが楽でいい。**

情報を入れ過ぎると馬鹿になる。
知らなくてもいい情報がたくさんある。

## 336

日々の努力と積み重ねがないから、
自信も魅力もない。
自信も魅力もないから、
変に他人に執着をしたり束縛をして、
さらに魅力のない人になっていく。
足らないのは己の努力と積み重ね。
魅力があれば、
裏切られることも、
捨てられることもないもの。

努力で身につくのは才能や力ではなく、自信。

## 337

**「これは、**
**もしかして、自分の性格が悪いのか？**
**もしくは、考え方が間違っているのか？」**
**時には、そう思うことも大切。**

性格が悪いから、同じことを繰り返す人がいる。

## 338

**「毎日、同じことの繰り返し」と思うなら、**
**帰り道を変えたり、**
**わざと遠回りをしたり、**
**迷う道で帰ってみるといい。**

変えようとしないのは自分。

## 339

## 「でも」「だって」「なんで」よりも「そうですね」を増やすと運も上がる。

話を合わせて、相手に合わせて、得られることもある。

## 340

## 姿勢がしっかりしていれば、
## 姿に勢いがあれば、
## 運も勢いづく。
## 生きる姿が悪い人が、運勢も悪いだけ。

生きる姿勢を正しくすれば、整った運勢がやってくる。

## 341

**ポジティブな精神にならなくていい。
「ポジティブな言葉」を
言い続ければいいだけ。
そうすれば、
自然とポジティブになってくる。**

ポジティブは言葉だけでも効果がある。

## 342

**どう考えても、
面倒なことをやらなくてはならないときは、
先にやってしまったほうが運が味方する。
面倒を後回しにすると運も逃げるもの。**

どうせやるなら面倒なことを先にやる人に、運は集まる。

## 343

**努力と真面目だけでは幸せにはならない。**
**融通がきくことと、**
**楽観的になったほうが**
**幸せ度は高かったりする。**

頭も心も柔軟なほうがいい。

## 344

**自信がないから、**
**挑戦して自信をつけるもの。**

失敗しても、成功しても、自信はつくもの。

## 345

すべての始まりは
「言葉にあり」。
言葉をどう使うかが、
その人の人生になる。
自分の夢や希望があるなら、
それに見合う言葉を選んで、
発言し続ければ、叶うようになる。
苦労や困難やつらいことが続く人は、
「言葉が悪い」場合が多い。

いい言葉を探し、いい言葉に敏感になればいい。

## 346

**運をよくしたいなら、**
**運をよくするタイミングを知り、**
**そこで覚悟したことを**
**変えなければいいだけ。**

『ゲッターズ飯田の運命の変え方』に詳しく書いてあります。
誰でも運命を変えるタイミングはある。

## 347

**耳の痛いことを言われたときに、**
**「ありがとうございます」が言える人に、**
**運は味方する。**

図星なら素直に感謝すればいい。

## 348

**面倒なことや苦手なことを**
**克服できるようになると、**
**いい恋もできるようになるもの。**
**足らなかったのは己の成長だったりする。**

―壁乗り越えてみると、
過去の自分が幼かったと理解できる。

## 349

**「自分が正しいと思う」ことをするのと**
**「相手が喜ぶ」ことをするのでは、**
**大きく違う。**
**自分の「正しい」が喜ばれるとは限らない。**

相手が本当に喜んでいるか、
確認をしたほうがいい人がいる。

## 350

# 簡単なことを複雑に考える人が不運な人。複雑なことを簡単に考えられる人が幸運な人。

何でも簡単に考えられると、幸せが何かも簡単に見えてくる。

## 351

**普通を目標にすると、**
**普通以下の生活になる。**
**目標は高く、向上心を持つことが大切。**

普通以上を目指してみるといい。
「普通でいい」は不幸への始まり。

## 352

「何をやろうか」と選択に迷うよりも
「これはやらない」と
やらないことを選択することで、
道が見える場合もある。

やらない、やれないことで見える道もある。

## 353

人は一歩ずつ成長する。
ポジティブな言葉は、
その歩幅を
少し大きくしてくれる。

まずはポジティブな言葉を口にしてみるといい。

## 354

**本当に優しいということは、**
**「相手に恥をかかせないようにする」**
**ことでもある。**

相手に恥をかかせないように生きる人に、運は集まる。

## 355

**受け取るばかりでは、運はなくなる。**
**与えること、感謝されることで**
**運は増えてくる。**

自分の得だけを考えないように。

## 356

# 箸の持ち方ひとつで、人は多くを見抜かれるもの。

細かいところほど他人は見ていたりするもの。
細かいところで育ちや教養や知性が出てくるもの。

## 357

# 自分にとって都合のいい相手とばかり仲良くするのもいいけれど、都合がいいとも悪いとも言えない相手や、都合の悪い相手とも仲良くなれれば、人生はもっと楽しくなる。

人は人に揉まれて成長する。強くなることができるもの。

## 358

**「お金がない」「才能がない」**
**「何もない」と思う人ほど、**
**他人に何か与えてみると、**
**運をつかめるようになるもの。**
**ないのではなく、**
**己のできることに気がついていないだけ。**

まずは笑顔から始めてみるといい。

## 359

**心から「ありがとう」が言えれば、**
**人間関係は長続きする。**

日々「ありがとう」と言い、
「ありがとう」と言われる人に、幸運は集まる。

## 360

**運のいい人はいい言葉を使い、**
**運の悪い人は悪い言葉を使う。**

言葉によって人も運気も動くもの、言葉を大切に。

## 361

**過去の出来事は変えられないが、**
**過去の思いは変えられる。**
**過去の思いを変えられる人が**
**未来も変えられる。**
**過去の思いを引きずると、**
**未来も変わらなくなる。**

過去は変えられる、強い意志と考え方次第で。

362

# 己のしたことは
# 何でも返ってくるもので、
# 何もしなければ
# 何も返ってこないだけ。
# 何が来てほしいか、
# 望むものがあれば、
# まず自分が
# 与えればいいだけ。

でも、見返りは求め過ぎないこと。

## 363

**勝手に「つまらない」と思うから、**
**人生がつまらなくなるだけ。**
**多くはやってみなければ、わからない。**
**体験経験して、わかることがたくさんある。**

やらないまま否定するのは、残念な人生。

## 364

**成功は未来にあるわけではなく、**
**過去の努力と積み重ねがつながるもの。**

今、評価されていないのは、過去に頑張っていなかっただけ。

## 365

**人生は足し算がいい。**
**掛け算は数字が**
**大きくなるけれど、**
**0を掛けると、**
**0になってしまう**
**リスクがあるから。**
**足し算なら、0を足しても**
**変わらないから。**
**人生は足し算がいい。**

まずは、1を2にするように。一歩一歩。

## 366

**ストレートにハッキリ言われたことに**
**「傷ついた！」などと言う前に、**
**「自分はハッキリ言われないと**
**わからないくらい鈍感だった」と、**
**ハッキリ言ってくれる親切を**
**忘れてはいけない。**
**相手との関係性もあるが、**
**言うほうも、**
**好きで言うわけじゃない場合も多い。**

ハッキリ言われないとわからないほど、
鈍感に生きないように。

## 367

# どんなに
# 一生懸命頑張っても、
# 結果が出なかったり、
# 裏目に出たり
# するときがある。

それが運というもので、結果よりも
それまでの過程で何を得られたかが大切。

## 368

### 趣味には全力、
### 遊びには必死、
### 仕事はホドホドがいい。

勉強と学びには、常に全力で必死。

## 369

**楽しいことを極めると、幸運が来る。**
**楽ばかりすると、不運が来る。**

楽しいと楽は違うし、楽と怠けるはもっと違う。
怠けないで自分も周囲も楽しませる人が幸運をつかむ。

## 370

**自分のできることを惜しみなく出し切ると、**
**いろいろなものが入ってくる。**
**出さないから入ってこない。**
**入れようとするなら、出し切ったほうがいい。**

すべて出し切るから、自ずと先が見えてくるもの。

## 371

**不安なのは、不安が好きな人。**
**悩むのは、悩むのが好きな人。**
**苦労するのは、苦労が好きな人。**
**本当に嫌なら、**
**不安にならないように生きて、**
**悩まないように生きて、**
**苦労しないように生き抜くもの。**

全部自分が好きでやっていること。
本気で嫌ならやめればいい。
やめるためにどうするか知恵を絞るもの。

372

# 「苦労」ではなく、「経験」という幸運。

すべてはただの経験なだけ。

373

# 人は他人にそこまで興味がないもので、服も見ていなかったり、会話も適当に聞いていたりするものだから、褒めてくれる人や話を聞いてくれる人に感謝しないといけない。

自分を見てくれる人を大切に。

## 374

**言い訳をするためのプライドはいらない。**
**欲しいのは、言い訳をしないプライド。**

プライドをはき違えないように。

## 375

**自分にしてもらったことは簡単に忘れて、**
**自分がしてあげたと思うことは**
**なかなか忘れないもの。**
**自分がしてもらったことを忘れないことと、**
**自分のしてあげたことを簡単に忘れるほうが**
**幸運をつかんだりするもの。**

自分にしてくれたことを忘れないように生きるだけで、
道は開かれるもの。

## 376

**何が勝ち組で、何が負け組かなど**
**本当はわからないし、基準もない。**
**自分が負けたと思わなければいいだけ。**

人生は勝負ではない。

## 377

**他人を「素敵だな」と言える人は**
**本当はその人が素敵な人。**

素敵だと言える人が素敵なだけ。

## 378

# 「わかんない」と言ったら何も始まらない。

「わかんない」は不幸の始まり。

## 379

# 占い本は、他人のページを読むことが大切。他人を知ることで自分がどう動けばいいかがわかる。人生は他人が導くものだから。

占い本は、他人のために読んでみると、
おもしろい発見がたくさんあるもの。

## 380

**理想やら好みのタイプやら、**
**いろいろ考えても意味がなく。**
**ひとつ好きなところができれば、**
**恋は始まるもの。**

恋が始まらない人ほど、多くを求めている。

## 381

**自分のできないことができるのが他人。**
**すべての人に、**
**必ず尊敬できる部分はあるもの。**

他人を尊敬できないと、運も味方しない。

## 382

**察することの難しさを知っているのに、**
**人には察してほしいと思ってしまう。**

察する人になれれば、魅力的になれるもの。

## 383

**占いのことばかり、**
**やたら当たり外れを言うが、**
**人生にも当たり外れがあり、**
**すべてのことに当たり外れがある。**
**あなたも**
**当たり外れとして判断されていることに**
**気がついたほうがいい。**

すべてのことに当たり外れはあるもの。

384

# 金持ちの悩みは、
# 金で解決できないから
# 一番厄介。
# 悩む人は、 結局悩む。
# 大切なのは、
# 悩まない心を育てること。

悩んでも仕方がない。時間の無駄なだけ。

## 385

**出会いの意味を考えると、**
**人生は楽しくなる。**
**対話できる人は限られている。**
**出会いは奇跡。**

出会えたことへの感謝を忘れないように。

## 386

**「円」より「縁」の大切さを**
**知っている人が**
**本当の幸せを知っている人。**

お金は所詮、お金。

## 387

**恋人が本気で欲しいなら、
恋人のいる友達と遊んだほうがいい。
恋人がいる理由を観察して、
真似することが大切。**

恋人がいない同士で遊んでいると、
いつまでも恋人ができない。

## 388

**自分を褒められるような目標を立てて、
自分を褒められるように頑張る。**

自分で自分を褒めるから、日々頑張れる。

## 389

**恋人や結婚相手に**
**求めることが1つの人は、**
**すぐに恋人ができて、**
**結婚できる。**
**複数ある人ほど、**
**恋人も結婚もできない。**
**多くても求めていいのは、2つまで。**
**3つからは欲張りで、孤独になるだけ。**

理想が高いのではなく、欲深いだけ。

## 390

**運気のいいときに人のために頑張ると、
運気のよくないときに
人に助けてもらえたりする。**

運がいい時期だと感じるなら、
いろいろな人を助けてみるといい。

## 391

**過去の経験やデータに支配され過ぎる人は
大成功しない。
その経験やデータをひっくり返した人が
成功者だったりする。**

データは所詮、データ。勘が上回ることは大いにあるもの。

## 392

**他人がどう言おうが、**
**占いが何と出ようが、**
**やってみないとわからない。**
**無理かどうかはやってみて、**
**自分で決めればいい。**

一生に一度くらいは、命をかけて、勝負してみるといい。

## 393

**選ぶんじゃなく、選ばれる人になるといい。**

評価をするのは他人だから。

## 394

**頑張らないといけない時期に**
**遊んでしまう人がいる。**
**辛抱しないといけない時期に**
**楽をしようとする人がいる。**
**そこで逃げてしまうから、**
**また同じ苦労がやってくる。**

逃げずに乗り越える力をつければ、
人生はもっと楽しくなる。

## 395

**「モテる＝幸せ」ではない。**

自分に見合った人と交際できなければ意味がない。

## 396

**何かあることにすぐ**
**「教えてよ」と言う残念な人がいる。**
**すぐ答えを知ろうとする。**
**幸せにも人生にも答えはないのに。**

まずは自分で考えること。
いろいろ考えて知恵をつけるチャンスを逃さないように。

## 397

**面倒くさいは、一番楽しいの始まり。**
**面倒は思い出の始まりだから。**

面倒なところに「楽しい」がたくさんある。

398

あなたに「運がいい」と
思わせるように
頑張っている人がたくさんいる。
料理をしたり、
道を造ったり、
電車を走らせたり。
ＴＶやラジオや雑誌や
ネットや街角にも
あなたを
元気にさせようとしている人が
たくさんいる。

世界は運のいいことばかり起きている。

## 399

**「そんなこと言われなくてもわかってる！」**
**と言う人がいるが、**
**そういう人は**
**「言わないとわからない人だ」**
**と思われていることに**
**気がつかないといけない。**

それほど鈍感に生きないように。

## 400

**大吉は落ちるだけ。**
**大凶は上がるだけ。**

でも、大吉をもっと大吉にできると思えばいい。

## 401

**誰にでも好かれる必要はない。**
**世の中、全員が善人ではないから。**
**心ない人や考えの幼い人、**
**邪心や悪意のある人に**
**好かれる必要はない。**

人から嫌われることに臆病にならなくていい。

## 402

**どんなに素敵な人に出会えても、**
**自分に素直さがなければ、**
**その人の言葉は響かない。**
**一生懸命生きていなければ、**
**相手の真剣な言葉が響かない。**

真剣に生きているから、真剣な人と話せる。

403

# それで少し
# 気が楽になるなら、
# 運のせいにすればいい。
# 真面目に努力して
# 頑張っている人には
# いつか必ず、
# 運が味方してくれるから。

でも最初から運のせいにしてはいけない。
99%は実力と努力。

## 404

# 我慢することや
# 辛抱することは
# その先の楽しさの順番待ち。

常に楽しいだけでも飽きるだけ。

## 405

**本当に好きなものを見つけると、**
**生きるパワーになる。**
**「自分はこれが好きです」と**
**素直に言い続けられる人になってみると、**
**また人生は楽しくなる。**

一生に一度は、
好きなことに全力で取り組んでみるといい。

## 406

**過ぎたことは取り返せないけど、**
**違うところで**
**周囲を幸せにできるように頑張ればいい。**

過ちは繰り返さなければいいだけ。

## 407

**「知らないから教えてください」**
**これが素直に言えるようになると、**
**自然に知識や情報も増えて、**
**自然にコミュニケーション能力も上がる。**
**困ったときに助けてくれる人は**
**いい人が多いから、**
**素敵な出会いのチャンスも増える。**

この言葉を言えなくするような、
変なプライドや自我はないほうがいい。

## 408

**運は水と同じように、**
**最初は小さくても、**
**それが大きくなれば、川になり、**
**やがては海にまでなる。**
**小さな幸運の積み重ねを忘れぬように。**

まずは一滴の水から。

## 409

**「叶う」は、口に十。**
**願いや希望や夢は**
**10回、口にすると叶う。**

11回、口にすると「吐く」になるので、
言い過ぎないように。

## 410

# 他人から感謝される喜びを知っている人は幸せ。

我々は感謝されるために生きている。

## 411

# 教わろう。
# 習おう。
# 学ぼう。
# 勉強しよう。
# 常にそう思って生きないと、
# いつまでも成長しない。

謙虚な気持ちで学べばいい。

## 412

**与えられていることに**
**気がつくことが幸せで、**
**与えられたことに**
**感謝ができる人が幸運をつかむもの。**

生きている限り与えられ続けるから、
自らも与えなくてはならない。

## 413

**他人に変化を求める前に、**
**自分がどれだけ変われたのか。**

他人に求めるな、自分に求めろ。

## 414

**「自分が変わらないと周囲も変わらない」**
**と言われても、**
**変われない自分にうんざりするなら。**
**「まあいいや」「何とかなるか」**
**とポジティブなことを**
**言葉に出し続けるだけでも**
**自分は変わってくるもの。**

だまされたと思ってやってみるといい。
続けてみると自然に変わってくるもの。

## 415

**信じなくてもいいけれど、**
**素直に生きたほうが運が味方する。**

素直は最強。

## 416

**すべてのことに陰と陽のバランスがある。**

陰は陽になり、陽は陰になる。

## 417

**「感謝できない人」**
**「感謝が足らない人」は、**
**何をやっても成功しない。**
**「不運だ」**
**「つらい」と思うなら、**
**感謝が足らない可能性が一番高い。**

どんなに感謝しても足らないのが感謝で、
感謝は続けるから意味がある。

## 418

**占いの運が悪いときは勉強の時期。**
**運のいいときは決断をする時期。**

幸運も不運も勉強になるだけ。

## 419

**自分で自分の可能性を**
**なくしている人がいる。**
**自分を縛らない、**
**固定観念に縛られないことは、**
**とても大切なこと。**

親や学校に教えてもらったことが正しいとは限らない。

## 420

# 「なんとかなるし、なんとかする」この精神は大切。

多くのことはなんとかなるもの。

## 421

# 自分のやりたいことをするのがいい人生ではなく、望まれることや求められることに喜びを感じて生きるほうがいい人生だったりする。

望まれ、求められる人になれば、
幸せとは何かがわかるもの。

## 422

**どうせやるなら、
思いっきりやったほうがいい。**

フルスイングしたほうが気持ちがいい。

## 423

**「明るく、元気で、おもしろく」を
心掛けて生きてみるといい。
魅力ある人の多くは、
明るいし、元気だし、おもしろい。**

無愛想で、不機嫌で、
つまらない人には誰も寄り付かない。

## 424

当たり前なことは当たり前すぎて、
誰にも言われなくなるが、
言われないと忘れるのが人ってもの。
当たり前は、当たり前に大切。

当たり前が理解できるから、その上に行けるもの。

## 425

「いいこと書いてますね」と
言われることが増えましたが、
僕がいいことを書いているのではなく、
「いいことを書いている」と思える
その人がいい人。
「偏見だ」と思う人はその人に偏見があり、
「悪意がある」と思う人には悪意がある。

すべては受け手次第で決まるもの。

## 426

**「正しく生きる」と**
**「真面目に生きる」は、似ているが違う。**
**真面目は、**
**融通がきかない生き方になる**
**場合があるから、**
**「正しく生きる」くらいがいい。**

真面目がいいとは限らない。

## 427

# 「運が悪い」と言って、いいことはひとつもない。

そんな人には、人も情報もお金も集まらない。

428

# 人生は
# 自分の修行となることが
# 起きるようにできている。
# 修行から逃げても
# また違う修行が
# 始まるだけ。

目の前の修行に取り組んで成長したほうが、
無駄な時間を過ごさなくていい。

## 429

**平凡や普通や平均ほど難しいことはない。**
**波瀾万丈でアップダウンが激しくて、**
**いろいろなことが起きるのが人生。**

はじめからそう覚悟してみると、
そんなにたいしたことはない。

## 430

**頑張れば頑張るほど、変な力が入るもの。**
**「楽しい」を継続するための努力を**
**すると楽しくなるもの。**

頑張りも過ぎると空回りするだけ。

## 431

**「この人、いつも楽しそう」**
**「この人、いつも運がいい」**
**そんな人を観察して真似をすることで、**
**同じようになれる場合がある。**

多くのことは真似できる。

## 432

**怒る相手を避けたり、嫌う前に、**
**怒ってくれたことへ感謝しないと。**
**人は、**
**なかなか怒ってもらえなくなるもので、**
**怒られないと気がつかないことは**
**山ほどあるもの。**

怒ってもらえないと、人はどんどん間違って進んでしまうもの。

## 433

**カッコつけないほうが好かれる。**

カッコつける人はカッコ悪い。

## 434

**今の出会いに感謝できない人が**
**次の出会いで感謝できる可能性は低い。**
**今ある人脈は、これまでの自分の鏡なだけ。**

自分のつくった人脈に感謝して、
納得がいかないなら離れて新たな人脈をつくればいい。
感謝できる人脈をつくればいいだけ。

## 435

**どんなに才能や技術や**
**知識があっても、**
**やる気がなければないのと同じ。**

やる気を起こさせてくれる人、
やる気になるきっかけを与えてくれる人はとても重要。

## 436

**褒められたり、認められたりしたいなら、**
**他人を褒めて認めること。**
**他人の才能に気がついてあげられる人は、**
**他人から認められる。**

まずは自分がやってみるといい。

437

# 楽しく話す。
# 楽しく伝える。
# 楽しそうにする人は
# 運をつかむもの。

楽しそうに日々を生きればいい。

## 438

**やりたいことを見つける、**
**好きなことを見つけるだけで人生は変わり、**
**行動実行すると、 もっと大きく変わる。**

待っていても何も変わらない。
時間だけが過ぎて、命が減っていくだけ。

## 439

# 「変わらぬ日々だ」と思ったら、勉強を始める時期。

「変わらない」と感じることは、ゆとりができた証拠。

## 440

**「満足しない」ということは**
**才能があるということ。**

満足できるまでやりきればいい。

## 441

**相手の欠点や**
**悪いところばかり口にする人は、**
**成長しないし、同じミスを繰り返し、**
**運も味方しない。**
**相手のいいところや**
**才能や魅力を見つける人は、**
**成長して、幸福を必ずつかむもの。**

他人のどこを見て生きるのか、
それだけで人生は大きく変わってくる。

## 442

**「苦しんでいる」と言う前に、**
**それを避けるためにどう努力をしたのか。**

大切なのは、改善するための努力。

## 443

**信用を得られる人は運をつかむ。**
**運をつかむ人は信用を得られる人なだけ。**

信用されるようにどうやって生きるのかが重要。

## 444

どんなに掃除をしてもきりがない。
思いっきり掃除をしても必ずやりきれない。
それが人生というもので、
それはすべてに通じる。

掃除は生きるうえでの基本。

## 445

嫌な思い出は捨てればいい。
何で嫌なのにしがみついているの？
そう思って、捨てて前に進めばいい。

つまらない過去に縛られる自分を捨てればいい。

## 446

**占いは新しい視野をもつ、**
**きっかけでしかない。**

先人の知恵はすごいとわかるものでもある。

## 447

**自分の夢が破れたとしても、**
**目標を達成できなかったとしても、**
**人生に負けたわけでもなく、**
**負ける人生はない。**
**また違う道で、他のレースで頑張ればいい。**
**破れた悔しさと負けた思いは、**
**必ずそのときに役立つものだから。**

結果ばかりに注目しなくていい。
それまでに自分が何をして、どう生きられたかが重要。

448

# バック転できない人には、バック転をさせない。頼まれる、望まれる、求められるということは、「できる」と思われているだけ。

できると思われているなら、それに応えればいいだけ。

449

## すぐ周囲のせい、他人の責任にする人は不運を呼ぶ。

そんな人の近くにいると不運に巻き込まれる。

## 450

# 挨拶しない人には、
# 幸運も幸せも
# 永久にめぐってこない。
# 幸運の始まりは挨拶から。

挨拶できない人に、幸運も幸せもない。

## 451

「お礼を言いなさい」
「感謝をしなさい」
これは当たり前のことで。
これができない人は何をやってもダメで。
お礼を言われる人間になることは
もっと難しい。

感謝される人間になるほうが難しい。
感謝するほうが簡単にできる。

## 452

「なんで、この人が
自分よりうまくいっているんだ?」
と、疑問に思う人に、
アドバイスを求めてみるといい。

無駄なプライドを捨てて聞いてみると、
きっと大きなヒントがある。

## 453

**誰かに影響される人は、**
**誰かに影響を与えることができる。**

影響されることはいい。どんどん影響されればいい。

## 454

**パワースポットめぐりもいいけれど、**
**身近にいる**
**あなたを元気にさせてくれる人、**
**あなたを笑顔にさせてくれる人を**
**大切にすることのほうが**
**パワースポットよりもよっぽど効果がある。**

動くパワースポットを見逃してはいけない。

## 455

# 愚痴や不平不満を口に出さないだけでも優しいこと。

口に出すということは、他人に迷惑をかけること。

## 456

### 人を喜ばせる言葉を自然と出せる人になってみる。そんな人になると、楽しいことや幸せがどんどんやってくる。

嬉しい言葉は連鎖する。

## 457

**人生はジャングルジムみたいなものだから、
好きなように上がれて進める。
でも、常に落ちないように、
慎重に進まなくてはならなくて、
力を緩めてはいけないもの。**

上手に上がろうと思えば、上がれるもの。

## 458

**恋は、
自分に見合う相手を見つけることが大切。
ワクワクやドキドキ、トキメキなどは
本当はいらない。**

恋に刺激を求めるから、不幸になる。

## 459

「やりたいことだけやりたい」
「好きなことだけやりたい」
そんなことを言っていると、
何もできない大人になるだけ。
やりたくないことでも
楽しくないことでも、
楽しんでやることが大切。

やりたくないことを楽しめたら、人生はもっと楽しくなる。

## 460

**大切なことは、**
**自分の好きなことを見つけて突っ走ること。**
**自分の好きなものくらいは自分で見つけて、**
**まわりが見えなくなるくらい**
**突き進んでみるといい。**

そこで身についた忍耐力や努力する力や情熱は
必ず他のことでも活かせるから。

## 461

**偉い人、成功者の多くは**
**名前を覚えることに長けていて、**
**会話の中に相手の名前を**
**時々入れてくる。**
**会話中に名前で呼びかけられると、**
**心の距離がぐっと近づく。**

偉い人は、相手のために、自分の名前も先に言う。

## 462

**若いときは雑用を任せられたほうがいい。任された分だけ、いろいろなことができるようになる。**

雑用ができない人は、一生雑用をすることになる。

## 463

# 自分が好きでも不向きなものがある。自分が嫌いでも向いているものもある。

自分のことをわかっていないのが人間ってもの。

## 464

# 明日が当たり前にあるとは限らない。

明日がないと思えば、言動は変わる。

## 465

# 「自分のところにばかり面倒な仕事が来る」
# そう苦しむよりも、
# 自分は頼られているんだと、
# 自分は選ばれた人なんだと、
# 自分は求められる人なんだと、
# 思えることが大切。

頼まれやすい人、求められやすい人になると、
人生は楽しくなる。

## 466

**部屋は綺麗なほうがいい。**
**部屋を綺麗にするには、**
**物をどれだけ捨てるか。**
**どれだけ無駄な物をなくせるか。**
**「いつか使うかも」と思って、**
**いつまでも無駄な物をもっている人は**
**いつまでも運を引き寄せられない。**

人生で大切なことは、取捨選択する判断力。

## 467

**人から言われたことに**
**応えられるよう努力して、**
**いろいろ言われる人間になることも**
**案外、幸せ。**

自分の意思や意見が通るから幸せ、とは限らない。

## 468

**一番身近にいる人に
一番優しくしたほうがいい。
家族や恋人や近くにいる人に、
多くの人は雑になってしまう。**

近くにいるから甘え過ぎてしまう。

## 469

**自分が簡単にできるからといって、
できない他人を馬鹿にする人は
成長がない。**

他人ができるんだから、
自分もできるかもしれないと希望をもつのはいいこと。

## 470

**現状に不満が多い人は**
**不便な旅に出かけてみるといい。**

不便を知れば、日々は便利に満ち溢れている。

## 471

**「自分は努力している!」**
**「自分は頑張っている!」と思ったら、**
**それは無理をしている証拠かもしれない。**
**自然に任せればいい。**
**好きなことをして、**
**長く続けられること、**
**飽きない何かを見つけたら、**
**それが己の才能。**

才能は気がついたら身についているもの。

## 472

**他人を認めてあげられれば、**
**居心地のいい生活ができる。**
**自然と人生が楽しくなる。**
**いろいろな人を認めてあげるためにも、**
**まずは自分を認める。**
**自分のダメな部分や欠点、弱点を認めて、**
**他人も認めてあげるといい。**
**自然と、他人もあなたを認めてくれるから。**

他人を認めて受け止められると、
自分も認めて受け止められるようになる。

## 473

「楽＝幸福」じゃないことに気がつく人は、
本当の幸福を得られる。
幸福の多くはある程度の苦労と努力が必要。
でも、自分の好きなことでの苦労は
苦労に感じない。
それが幸福だったりする。

苦労が悪いと思わないほうがいい。

## 474

人生は言い訳できないように
自分を成長させないといけない。

言い訳が一番運を下げる。

## 475

**所詮、人間ひとりの情報なんて**
**大したことがない。**
**人を避けたり、**
**批判しているばかりでは、**
**見られないことがたくさんあり過ぎる。**

人に合わせる楽しさを見つけましょう。

## 476

**旅には、人生を大きく変える可能性がある。**
**占いは、人生観を少し変える可能性がある。**

時々、旅に出て、時々、占いをしてみるといい。

## 477

**自分の才能やアイデアや**
**自分のこれまでの努力や頑張りを**
**買ってもらう。**
**それらをどうやったら高く売れるのか、**
**考えるのが仕事。**

自分の時間を買ってもらうのが仕事ではない。

## 478

**明るくて、笑顔がよくて、会話ができて、**
**一生懸命生きていれば、**
**時間がかかっても輝いてくるし、**
**素敵な人には必ずいい人が現れる。**

今は、ちょっと長い順番待ちをしているだけ。

## 479

**人は、自分の幸せの器に入らない幸せが**
**舞い込んでも、**
**それを幸せだとは思わない。**
**大切なのは、**
**自分の幸せの器を変化させること。**

感謝を心がければ、器は簡単に変化するもの。

## 480

**一見幸せそうに見える人にも、悩みはある。**
**一見不幸そうに見えても、**
**幸せなときはある。**
**絶対的な幸せはない。**
**絶対的な不幸もない。**

「絶対」はない。
「絶対」を口にする人に運はこない。

481

# 「どうせ」と言うなら、やってみればいい。「どうせダメなんだから」と思って突き進んでみればいい。結果は後からついてくる。

結果にこだわる必要もない。

482

## 現状の幸せを理解できない人は幸せになれない。

今ある幸せが何なのか、よく考えたほうがいい。

## 483

**仕事でも恋でも勉強でも**
**ダメな理由を探して、言い訳にする。**
**改善する努力をするならいいけれど、**
**変わらないものは変わらないんだから、**
**開き直って前向きになる気持ちが**
**一番大切。**

変わらないことにこだわらず、
変えられることを変えればいい。

## 484

# 今日の自分は、
# 誰もが初めての自分。

「初めて」は人生で一番おもしろいことのひとつ。

485

**歴史はすごいし、おもしろい。**
**過去から学ぶことはたくさんある。**
**先人の生き方、先人の知恵は**
**今に活きるし、**
**未来への道しるべに十分なる。**

「古い」を大切にしない人に未来はない。

486

**好きなことに一生懸命になれば、**
**魅力は自然と出てくるもの。**
**好きなことが見つからないなら、**
**好きだと思い込むことも大切。**

好きだと思い込めば、
思った以上に力が出る。

## 487

**成功の秘訣よりも、
失敗例がたくさんある情報のほうが
本当は欲しかったりする。
成功したいと思うから、
そちらにばかり注目しているが、
成功の一部には「運」もあるから、
参考にならなかったりもする。**

他人の失敗は勉強になる。
自分の失敗も他人の役に立つ。

## 488

**「いい方向に解釈する」のと
「いいことだけ信じる」では、
意味が全く違う。**

自分の都合の悪いことは聞き入れない人が、
いい方向に進むわけがない。

## 489

# 自分に素直に生きるのと、
# ワガママに生きる、
# 自分勝手に生きるは違う。
# 素直に生きるには、
# 感謝がある。

素直に生きることが、一番運気がよくなる方法。

## 490

**いい占い結果はより爆発させる努力をして、**
**悪い占い結果は全力で外す努力をする。**

占いは信じるものではなくて、
自分のいいように使うもの。

## 491

**いくつになっても
「今はまだ若いんだから」。
未来の自分とくらべれば、
必ず若いから。**

今日は昨日より若いから。
今やれることを今日のうちに。

## 492

**開き直ってみると、
運も開けたりするもの。
用心深く準備をして、
楽観的に行動すると、
道も運も開かれる。**

時々、開き直ってみるといい。
でも開き直って下品にはならないように。

## 493

**「太っているからモテません」**
**「胸が小さいからモテません」**
**「収入が少ないのでモテません」**
**「○○なのでモテません」**
**モテない本当の理由は**
**モテない理由を探して、**
**言い訳にしているから。**

言い訳する人を好きになる人はいない。

## 494

**おもしろい人には人が集まるから、**
**おもしろくなる練習はしたほうがいい。**

少しくらい滑っても、死ぬわけではないんだから。

## 495

**芸人は友達が10万人いたら確実に売れる。**
**それはミュージシャンでも**
**役者でも同じで、**
**サラリーマンでも同じだったりする。**
**助けてくれる友達が10万人いたら、**
**何があっても大丈夫。**

たくさんの人に会ったほうが幸せになれるもの。

## 496

**100人のお客さんのうち、**
**30人がリピーターになったらすごいこと。**
**3割できれば、褒めていい。**
**期待も3割程度でいい。**

3割できれば、上出来。

## 497

# 人生は「おもしろい」と言った数と幸せが比例する。

「おもしろい」を口癖にするといい。
「おもしろい」を探す癖をつけるともっといい。

## 498

**運気のいい人の多くがもっているもの。**
**行動力。**
**視野を広げる力。**
**なんでもおもしろがる力。**
**楽しむ力。**

そして、感謝する力。

## 499

**この世は**
**あなたを楽しませることで満ちている。**

それに気づこうとするか、しないか。

## 500

# 「すみません」のほとんどを「ありがとうございます」に変えるだけで、人生は簡単に楽しくなる。「ありがとう」を口癖にするといい。

この本を読んでくれて、「ありがとうございます」。

## おわりに

「継続は力」……そう思ったのは、LINEで毎日2回つぶやいていることをいろいろな人から「LINE、読んでますよ」と言われるようになってから。

一般の方から芸能人までいろいろな方にそう言われるようになり、本当に続けてみるものだと思いました。

そのうち、たくさんの方から「本にしてください」と言われるようになりました。はじめは「200個くらいまとめればいいのかな」と思っていましたが、「ケチケチしないで500個だ！」、そして、「一言ずつ加えて1000個だ！」と、こうやって1冊にまとめてみるともうお腹一杯な感じ。

あらためて読み直してみると、「感謝、恩返し、お礼、挨拶、行動力、決断、楽しく、おもしろく」など、人として本当に当たり前なことを書いているだけだと思いますが、生きる上で少しでもお役に立てたらと思っています。時々でよいので、適当にページを開いて読んでみるといいかもしれません。
　皆さまにとって素敵な言葉が見つかったら幸いです。

　人は言葉で動くもの、いい言葉がいい運を引き寄せ、素敵な言葉は人を引き寄せる。

　いい言葉に敏感に生き、いい言葉を発して生きましょう。

ゲッターズ飯田

**ゲッターズ飯田**

1999年からお笑いコンビ「ゲッターズ」として活動。
コンビ解散後、放送作家・タレント・占い師として幅広いメディアで活躍。
これまで4万人を超える人々を占い、「芸能界最強の占い師」と呼ばれる。
2014年に著した「ゲッターズ飯田の運命の変え方」(ポプラ社)は、
占い本としては異例のベストセラーとなり話題を呼ぶ。

Staff
デザイン　山下可絵
編集　秦まゆな
撮影　鈴木伸之（クロスボート）
協力　コイズミアキコ

## ゲッターズ飯田の運命を変える言葉

2015年4月12日　第1刷発行
2015年4月27日　第2刷発行

著　者　ゲッターズ飯田
発行者　奥村　傳
編　集　碇　耕一
発行所　株式会社ポプラ社
〒160-8565　東京都新宿区大京町22-1
Tel:03-3357-2212（営業）
03-3357-2305（編集）
0120-666-553（お客様相談室）
振替:00140-3-149271
一般書編集局ホームページ　http://www.webasta.jp/
印刷・製本　中央精版印刷株式会社


N.D.C.159／287p／19cm　ISBN978-4-591-14486-2